KATIA FERRI

COMUNICAZIONE D'IMPRESA

Come Costruire una Solida Identità Aziendale e Comunicarla all'Esterno e all'Interno

Titolo
"COMUNICAZIONE D'IMPRESA"

Autore
Katia Ferri

Editore
Bruno Editore

Sito internet
http://www.brunoeditore.it

Sommario

Introduzione pag. 5

Capitolo 1: Come comunicare l'impresa pag. 7

Capitolo 2: Come gestire la comunicazione nelle piccole e grandi imprese pag. 48

Capitolo 3: Come avviare un reparto comunicazione pag. 98

Capitolo 4: Come gestire l'ufficio comunicazione, il marketing e la comunicazione emozionale pag. 112

Conclusioni pag. 161

Bibliografia pag. 163

Ringraziamenti pag. 165

Introduzione

L'ultimo biennio verrà ricordato per la crisi economica che ha investito i mercati internazionali e ha avuto un impatto significativo anche sulla comunicazione delle imprese. Il rinnovamento è stato profondo a livello sia dei contenuti, sia delle forme e dei meccanismi creativi. Ma non tutto il mercato ha saputo imboccare la direzione del cambiamento e dunque, nei prossimi anni, il gap comunicazionale tra le aziende sarà ancora più forte.

Non è possibile pensare oggi a una formazione economica che non comprenda la comunicazione, poiché, in qualsiasi area dell'impresa si vada a lavorare – dall'amministrazione al marketing, dalla finanza alla produzione –, si concorrerà sempre alla creazione di informazioni e messaggi dedicati ai clienti e a tutti i pubblici che osservano l'impresa in forma sia diretta che virtuale. E parallelamente si riceveranno sempre più informazioni e messaggi dall'esterno (da parte di fornitori, partner, consulenti), che dovranno essere decodificati in modo sempre più professionale e consapevole.

Grazie a questo ebook spero di insegnarti a "comunicare" la tua impresa nel modo giusto. Buona lettura!

CAPITOLO 1
Come comunicare l'impresa

Il termine "comunicazione" deriva dal latino *communicatio*, a sua volta derivante dal verbo *communicare*, che significa "mettere in comune qualcosa". Nella radice latina è insita un'idea di contatto materiale, di trasferimento fisico, un concetto che in epoca medioevale venne poi ancorato alla ritualità cristiana della mensa eucaristica.

Con l'avvento dell'età moderna, comunicazione divenne quasi sinonimo di trasporto ("vie di comunicazione"). Nel Novecento, alla fine degli anni '40, Claude Shannon e Warren Weaver formularono la *Teoria matematica della comunicazione*, definita come un «trasferimento di informazioni mediante segnali da una fonte a un destinatario». In base a tale teoria l'informazione venne intesa come una "scelta". L'unità di misura della quantità di informazione scambiata fu definita *bit*.

Da allora si iniziò a studiare l'interazione uomo-macchina, cioè uomo-computer, un paradigma di ricerca che molti anni dopo sarebbe diventato uomo-computer-uomo, con un focus sul contesto in cui tale interazione avviene.

All'inizio degli anni Sessanta Roman Jacobson introdusse il concetto fondamentale di canale, che divenne – insieme a emittente, destinatario, contesto, messaggio e codice – uno dei sei elementi che definiscono l'**atto comunicativo**. Da allora molte altre teorie si sono susseguite.

Tutti gli studiosi sono d'accordo nel riconoscere alla comunicazione una struttura da sistema globale e complesso, multicanale e multicodice, oltre a un ruolo primario per comprendere i processi di fondazione dei legami sociali.

La comunicazione d'impresa è, in particolare, quell'insieme di atti comunicativi utilizzati per costruire e mantenere un'immagine aziendale positiva. La prima azione di ogni impresa che voglia comunicare passa dunque per la costruzione della sua identità attraverso gli elementi tangibili e intangibili, visibili e invisibili, che la costituiscono. Il punto di partenza per orientare gli interventi di comunicazione è l'**identità aziendale**.

Gli elementi visibili dell'identità aziendale sono: gli stabilimenti, gli impianti, le tecnologie, i brevetti, le risorse finanziarie, le maestranze, il portafoglio clienti e la rete di vendita. Gli elementi invisibili dell'identità aziendale sono: la policy, lo stile aziendale, le norme, l'etica diffusa, la concezione del lavoro e le tradizioni.

Gli **obiettivi della comunicazione** sono: costruire un'immagine positiva dell'impresa; mantenere nel tempo l'immagine positiva dell'impresa; contribuire all'arricchimento dell'identità aziendale.

L'**immagine aziendale** è il complesso delle opinioni inerenti l'impresa formatesi, in ogni tipo di pubblico, attraverso un contatto diretto o indiretto con essa. L'azienda non può né crearla né comprarla sul mercato. Può solo tentare di orientare la percezione dei clienti.

L'immagine aziendale evolve nella vita di un'impresa e i fattori che determinano tale sviluppo sono: le dimensioni; la struttura, il settore in cui opera, i prodotti e i servizi, il numero dei dipendenti, l'interesse che le sue attività suscitano (ad esempio, migliorare la qualità della vita) e la strategia di comunicazione aziendale.

SEGRETO n. 1: l'obiettivo della comunicazione d'impresa è costruire e mantenere viva nel tempo l'immagine positiva dell'azienda.

Ma che cosa deve comunicare un'impresa? I suoi valori, la sua *mission*, il suo ruolo effettivo e potenziale nel mercato, i suoi punti di forza rispetto ai *competitors*, le caratteristiche esclusive dei suoi prodotti e servizi, l'efficienza della sua organizzazione e dei suoi manager, la sua attenzione nei riguardi dei clienti, della comunità, del territorio e dell'ambiente.

Non esiste individuo o organizzazione che non debba preoccuparsi delle proprie immagine e visibilità. Non ci si può permettere di non contribuire attivamente alla costruzione dell'identità personale, così come di quella della propria organizzazione, sia essa pubblica o privata, profit o non profit.

Rifiutarsi di comunicare equivale a fare una cattiva comunicazione, sostiene da anni la scuola di Palo Alto. Dunque ogni persona giuridica, ogni piccola, media o grande impresa, società di consulenza o studio professionale deve preoccuparsi di comunicare al mondo esterno. Negli ultimi anni abbiamo assistito ad esempio a una forte crescita della comunicazione finanziaria, in termini sia di attenzione e interesse da parte delle aziende, sia di dimensione del mercato della consulenza in questo specifico settore.

Fino a poco tempo fa, le imprese erano abituate a gestire la propria offerta focalizzandosi sui propri mercati di consumo, confrontandosi con mercati monopolistici o fortemente presidiati e rapporti economici per lo più regolamentati da una rigida politica protezionista. Oggi, invece, le aziende devono fare i conti con una competizione aggressiva e continua, che le costringe a combattere la concorrenza con ogni mezzo.

Lo sviluppo del **marketing emozionale** e **virale** è dovuto alla scomparsa del mercato di massa e alla nascita dei social network, che sono diventati nuove nicchie d'un universo composito. Il bisogno del consumatore medio è stato sostituito dai bisogni individuali del singolo. Con questi ultimi le imprese meno dinamiche si fronteggiano ogni giorno con crescente difficoltà.

Le vecchie concezioni dei grandi teorici del marketing non sono più d'aiuto. Lo scenario di riferimento, per chi vuol comunicare, è profondamente cambiato: le aziende pubbliche e private si ritrovano a doversi confrontare con interlocutori molto più sfuggenti e, allo stesso tempo, più sofisticati.

Oggi non esiste più una "comunicazione di massa", ma tante comunicazioni di nicchia. L'azienda si trova a dialogare contemporaneamente con i propri dipendenti, i clienti, gli interlocutori istituzionali e i media. Soggetti che, a loro volta, hanno affinato la loro sensibilità, ma non progrediscono con la stessa velocità.

SEGRETO n. 2: l'azienda deve dialogare contemporaneamente con i propri dipendenti, i clienti, gli interlocutori istituzionali e i media.

Le imprese sono chiamate a fare i conti con un mutamento di scenario radicale, che continua a modificarsi senza sosta, ogni giorno. Ma, nonostante le teorie degli esperti, nel tessuto culturale italiano sono poche le organizzazioni che considerano i media per quello che sono, ovvero un mosaico composito, e ancor meno quelle che sanno sfruttarli per rivolgersi in modo mirato a ogni singolo destinatario.

La comunicazione d'impresa nei grandi gruppi ha invece imboccato decisamente questa direzione, ha imparato a moltiplicare le sue facce e ha saputo articolarsi in varie aree:

- la **comunicazione commerciale** migliora le relazioni con il mercato dei clienti finali e intermedi. Promuove la capacità dell'impresa di soddisfare i bisogni della domanda.
- la **comunicazione istituzionale** migliora le relazioni con i vari pubblici (esterni/interni), rende nota l'impresa, i suoi valori e la sua *mission.*
- la **comunicazione gestionale** migliora le relazioni con i soggetti coinvolti nella gestione dell'impresa, fa apprezzare le sue capacità di controllo delle risorse e delle produzioni cognitive.

- la **comunicazione economico-finanziaria** migliora le relazioni con gli investitori, rende noti gli aspetti patrimoniali, reddituali e finanziari, promuove gli incrementi di valore del capitale economico.

Ciascuna area della comunicazione crea valore nella misura in cui migliora le relazioni d'impresa. Nello specifico, diffonde un valore intrinseco e genera un valore percepito (credibilità, fiducia e immagine), che alimenta, a sua volta, la creazione di un valore oggettivo. Per determinate aree della comunicazione, però, la capacità di creare e diffondere valore è percepibile ogni giorno.

Si pensi, ad esempio, alla comunicazione commerciale e ai suoi strumenti più noti: pubblicità, promozione delle vendite, sponsorizzazioni, ecc. In questo caso i risultati sono misurabili quantitativamente e qualitativamente, perché si concretizzano in maggiori volumi di vendita, incrementi delle quote di mercato, miglioramenti sui versanti della notorietà e dell'immagine.

Anche la comunicazione gestionale, costruendo e rinforzando l'identità e la cultura aziendali, favorisce lo sviluppo delle conoscenze, delle capacità gestionali e delle strategie. Essa alimenta quei processi di apprendimento che consentono di accrescere le competenze distintive d'impresa.

Attraverso la comunicazione istituzionale infine si può non solo diffondere la mission e l'identità di un'impresa, ma anche attuare un'azione volta a ottenere consenso sui propri progetti di sviluppo e sul ruolo svolto nel contesto socio-economico.

I principi della strategia di comunicazione

La comunicazione d'impresa è guidata da diversi principi riconosciuti:

- **Principio di esistenza**: una strategia di comunicazione deve essere scritta, conosciuta e accettata da tutti coloro che vi sono direttamente coinvolti, sia all'interno dell'impresa sia all'esterno, come partner.
- **Principio di continuità**: una strategia di comunicazione viene concepita per durare. È necessario sviluppare un'immagine chiara e costruire una vera e personalità per l'impresa. Tutto ciò richiede convinzione e tenacia poiché questo processo richiede molto tempo.

- **Principio di differenziazione**: è il risultato di una politica di marketing ben riuscita a cui la comunicazione contribuisce fortemente. Non a caso si parla di "codice di comunicazione" della marca. La differenziazione dà all'impresa una personalità e un'identità, assegnandole, agli occhi del consumatore, un carattere inimitabile.
- **Principio di chiarezza**: una buona comunicazione deve essere chiara e basata su idee forti e semplici. Una strategia troppo complessa nel ragionamento o, al contrario, troppo sottile, rischia di dare risultati scadenti.
- **Principio di realismo**: non bisogna fissare obiettivi sproporzionati rispetto ai mezzi di cui si dispone.
- **Principio di declinazione**: una strategia di comunicazione deve potersi adattare alle diverse forme di comunicazione (promozione, relazioni pubbliche ecc.) e ai diversi media.
- **Principio di coerenza**: la coerenza è una condizione necessaria, ma purtroppo non sufficiente per la riuscita di una buona strategia.
- **Principio di accettabilità interna**: la comunicazione e i suoi messaggi devono essere compresi sia dagli interlocutori esterni che da quelli interni all'impresa (impiegati, operai, quadri). Il

principio vale soprattutto nel settore dei servizi, dove è necessario che il personale che sta a diretto contatto con il pubblico sia adeguatamente formato. È fondamentale, quindi, spiegare e "vendere" ai propri dipendenti, prima ancora che ai media, la propria strategia di comunicazione.

In alcune imprese c'è un reparto dedicato alle relazioni pubbliche, che ha l'incarico di intrattenere rapporti con i giornalisti, è deputato alla scrittura dei comunicati stampa e al mantenimento di contatti di vario genere, restando però tagliato fuori dalle azioni di comunicazione attuate internamente ed esternamente dagli altri reparti, i quali di fatto operano in autonomia e senza una strategia comune.

Questa frammentazione della comunicazione aziendale presenta limiti e rischi tali da aver indotto varie imprese a costruire in modo più solido e duraturo una divisione comunicazione che si occupi trasversalmente dell'immagine aziendale.

Quando i comunicatori sono subordinati alla direzione del personale, si realizza una forte diversità di trattamento fra interlocutori interni ed esterni all'azienda. In alcune imprese le relazioni pubbliche si dividono in relazioni esterne e interne: queste ultime hanno l'incarico di dialogare con i sindacati. Con un ruolo diverso, ovviamente, da quello svolto dalla direzione del personale.

Veniamo, infine, a quelle realtà che hanno deciso di istituire una funzione o divisione "comunicazione". Si tratta molto spesso di grandi gruppi o di multinazionali che hanno importato modelli organizzativi già collaudati all'estero da molti anni. Questo reparto fonda la sua attività sui principi precedentemente esposti ed è composta da più funzioni preposte al coordinamento e al controllo delle varie esigenze comunicative.

Nelle realtà innovative ci sono dunque due reparti con addetti dedicati a:

- La **comunicazione esterna** (pubblicità, ufficio stampa, relazioni industriali). La pubblicità oggi gioca la grande carta dell'emozione per trasmettere un messaggio al consumatore. Le promozioni, invece, puntano a coinvolgere l'utente finale, esaltando il valore della convenienza.

- La **comunicazione direct e virale**, per raggiungere il consumatore finale dribblando ogni tipo di intermediario e possibilmente fidelizzarlo.
- L'**ufficio stampa**, che mira a ottenere la più ampia visibilità possibile sui media e a ottenere testimonianze qualificanti da opinion leader e personaggi autorevoli nel settore, per certificare l'elevato standing di ciò che l'impresa propone al pubblico dei suoi utenti.
- La **comunicazione interna** (e per interna si intende quella che ha per destinatari dirigenti, quadri e dipendenti), che mira a creare un'atmosfera di community, utilizzando prodotti cartacei e luoghi virtuali di ogni tipo, da Second Life a Facebook a Twitter.
- La **comunicazione visiva** (design di stand per fiere, *packaging*, imballaggi). Essa punta alla creazione di una veste ogni volta diversa, mirando a conquistare la simpatia del pubblico e a valorizzare il livello tecnologico dei prodotti, le tradizioni che questi rievocano, la loro unicità o genuinità.

La divisione comunicazione, quando viene istituita e strutturata in modo da poter dispiegare al meglio la sua azione, lavora come un'orchestra per creare una cassa di risonanza positiva per ogni azione effettuata dall'azienda, che sia il lancio di un prodotto, l'annuncio di una fusione, la partecipazione a una fiera o il trasferimento di un reparto di lavorazione.

Anche in questo caso esistono molte differenze: qualche realtà dedica più addetti all'ufficio stampa, altre aprono uffici a Roma e a Milano per sviluppare aree specializzate nelle pubbliche relazioni, come le *investor relations* e il *lobbyng*. Altre invece preferiscono delegare varie funzioni a esterni. E talvolta danno in *outsourcing* anche l'ufficio stampa.

SRGRETO n. 3: per ottenere risultati soddisfacenti si deve sempre definire il ruolo della comunicazione e il suo posizionamento in azienda.

La *mission* aziendale e i pubblici di riferimento

Per creare e coltivare una vera cultura aziendale, occorre definire alcuni "punti chiave" in un documento da conservare nell'archivio (nelle piccole imprese non c'è quasi mai) dove siano spiegati in modo chiaro: i *values*, i valori ai quali la comunicazione si ispira, e la *mission*, il posizionamento dell'organizzazione. La formulazione deve comprendere la descrizione dell'azienda, i suoi obiettivi, i suoi principi operativi.

A ciò bisogna aggiungere: principi etici e codici etici d'impresa, ovvero quelle norme che sempre più spesso vengono condivise con i dipendenti; la *vision*, l'obiettivo al quale tendere entro un medio termine di 3 anni; la *strategy*, la definizione delle regole e delle azioni che si intendono applicare per passare dalla *mission* alla *vision*.

Dopo aver completato questa fase, l'incaricato della comunicazione può passare all'identificazione dei **destinatari** della sua strategia. Una comunicazione d'impresa inefficace è infatti il risultato di una cattiva definizione della *mission* aziendale o di un'identificazione dei pubblici poco attenta.

Quando la comunicazione interna non funziona, l'impresa produce, per esempio, opuscoli che prevedono precise norme etiche di comportamento, ma poi non si impegna per cambiare davvero il comportamento dei singoli dipendenti e del management. L'errore sta nella formulazione del piano di comunicazione. Esso, per qualche negligenza a livello gestionale, non ha saputo cogliere le istanze e le gratificazioni sociali alle quali deve corrispondere un codice etico, al fine di creare un senso di appartenenza nei dipendenti che vada al di là della semplice remunerazione.

SEGRETO n. 4: la comunicazione interna diventa tanto più efficace quanto più aumenta lo spirito di gruppo.

Sebbene questa sia un'attività implementata quotidianamente nelle piccole imprese, l'identificazione dei pubblici di riferimento, specie per le attività di maggiori dimensioni, è un processo decisamente complicato. La massa degli interlocutori può essere suddivisa in gruppi che dialogano con l'impresa, ma intessono continuamente anche relazioni tra loro.

Un imprenditore di successo si sforza ogni giorno di mettersi nei panni del proprio cliente, che è un soggetto in continua evoluzione. Solo grazie ad analisi approfondite egli potrà proporgli prodotti e servizi sempre rispondenti ai suoi mutevoli bisogni. Non sempre, però, l'imprenditore può (o vuole) cercare di perseguire gli interessi e i bisogni di tutti gli interlocutori dell'azienda (*stakeholders*).

Sul mercato infatti non ci sono solo i clienti dei prodotti o gli utenti dei servizi. Bisogna anche relazionarsi con l'opinione pubblica, che comprende i clienti e tutti gli individui che in qualche modo conoscono abbastanza l'azienda, i suoi prodotti e i suoi servizi per formarsi un'opinione al riguardo. Anche se non hanno mai contattato l'impresa né acquistato nulla.

Più nel dettaglio gli *stakeholders* sono costituiti da:

- Gli **interlocutori interni**: dirigenti, quadri, impiegati, collaboratori, operai, rappresentanze sindacali. Il pubblico interno è molto importante, non solo perché invia messaggi all'esterno per nome e conto dell'azienda (telefonate, e-mail, lettere, sms, testi contenuti nel sito ufficiale), ma anche perché, nel trasmettere all'esterno, rielabora le informazioni che riceve. Impiegati, operai, collaboratori sono al tempo stesso protagonisti e testimoni oculari della vita aziendale, dunque comunicano all'esterno episodi, difficoltà, evoluzione delle carriere, anticipano progetti e prospettive, interpretano i risultati economici dell'impresa. Fra i dipendenti rientrano i sindacalisti, anche se oggi il loro potere contrattuale e il loro impatto comunicativo sono decisamente diversi da quelli di trent'anni fa. La carica di credibilità che hanno resta forte, ma solo se possono attingere informazioni dal vertice. Qualche volta è l'immagine del leader (fondatore o amministratore delegato) a dominare la scena. Altre volte la sua immagine personale resta in ombra, a favore di quella aziendale.

- Il **trade**, vale a dire il canale di vendita: distributori, agenti, rappresentanti, grossisti. Il canale di vendita è da considerarsi contiguo alla forza interna aziendale ed è strategico per la costruzione dell'immagine aziendale, oltre che per la sopravvivenza del business. La forza persuasiva degli agenti e dei rivenditori ha bisogno di essere continuamente alimentata da informazioni, perché essi possano diventare partner più efficaci.
- La **comunità finanziaria**: azionisti, banche, investitori istituzionali, finanziatori, analisti. Naturalmente questo pubblico diventa di primaria importanza se la società è quotata in Borsa. In tal caso l'azienda deve predisporre una funzione

dedicata alla comunicazione e un *investor relator*, in grado di fornire news agli azionisti.

- I **gruppi di influenza**: gli esperti di settore, gli analisti di mercato, gli accademici, gli opinion leader, le organizzazioni non governative, i movimenti di pressione, i concorrenti. Si tratta di un pubblico che, pur non disponendo di mezzi di comunicazione efficaci, può condizionare l'opinione pubblica, perché ha relazioni stabili con giornalisti o con gruppi di consumatori. Gli analisti che emettono un report negativo o positivo su un titolo possono contribuire al rialzo o al ribasso delle quotazioni. Gli opinion maker fanno anch'essi parte di questo universo e, benché non siano giornalisti, hanno molto potere. Un personaggio di successo fotografato con addosso un certo capo di abbigliamento, ad esempio, può fare la fortuna di una piccola impresa, molto più di una campagna pubblicitaria a mezzo stampa.
- I **media**, vale a dire i quotidiani, le agenzie di stampa, i periodici, le riviste di settore, le radio, le televisioni, i siti internet. Questo è il pubblico di riferimento dell'ufficio comunicazione, che punta a ottenere un effetto eco: la moltiplicazione della visibilità attraverso un'immagine,

un'opinione non comprata ma liberamente scelta dal giornalista. Oggi una grande attenzione è puntata sul web: internet è un mezzo di comunicazione potentissimo, in quanto consente di raggiungere il proprio pubblico senza ulteriori intermediazioni, in tempo reale e a costi relativamente bassi. Non c'è società che non abbia avviato un proprio sito su internet, per essere raggiunta da chiunque.

- I **partner**, vale a dire i fornitori, i consulenti e le imprese dello stesso settore con le quali si stringono accordi di partnership. Chi è in affari con l'impresa, può contribuire al suo successo. Molto spesso i partner possiedono informazioni sensibili, con un valore economico tanto più elevato quanto più in anticipo rispetto a un certo evento: l'uscita di una collezione moda, di un nuovo prototipo di auto, di un nuovo servizio.
- Le **istituzioni pubbliche**: gli enti locali, il Governo regionale e nazionale, i Governi internazionali, i partiti e i sindacati. A livello locale la comunicazione è diretta, a livello regionale e nazionale ci si riferisce alle associazioni di categoria. I rapporti diretti con il Governo sono un privilegio dei colossi industriali, che hanno predisposto addetti specializzati per assolvere questa funzione. Per tutti comunque le istituzioni

pubbliche sono interlocutori di grande rilievo, con i quali è necessario avere rapporti non solo a livello di immagine, ma anche per sviluppare al meglio il proprio business. Questi interlocutori infatti detengono il potere di legiferare norme, concedere autorizzazioni e finanziamenti, emettere provvedimenti a impatto diretto o indiretto sull'azienda. Questo tipo di pubblico in particolare è molto influenzato dalla forza di un'immagine aziendale positiva o negativa.

SEGRETO n. 5: vanno sempre identificati i destinatari della propria strategia di comunicazione.

Le figure aziendali che comunicano

La politica aziendale in materia di relazione con gli azionisti, e non solo, è spesso a appannaggio dell'alta direzione. Talvolta si creano comitati ad alto livello e le responsabilità per l'esecuzione e il miglioramento di questa politica vengono delegate. Talvolta la delega è solo parziale. Spesso le responsabilità vengono suddivise fra il direttore amministrativo, il direttore finanziario, il direttore comunicazione e immagine e il servizio relazioni pubbliche.

La direzione comunicazione e relazioni esterne opera in posizione di staff rispetto alla presidenza e alla direzione generale, coordinando un team composto da tutti i top manager aventi una funzione di tipo pubblico. A ognuno di essi viene affidato un compito di comunicazione rispetto alla presidenza e alla direzione generale.

Ecco che cosa comunica il **top management**:

- **presidente**: comunicazione politico/sociale;
- **amministratore delegato**: comunicazione istituzionale;
- **direttore generale**: comunicazione strategica;
- **direttore finanziario**: comunicazione economico/finanziaria;
- **direttore commerciale**: marketing e comunicazione di prodotto;
- **direttore Ricerca e Sviluppo**: comunicazione tecnica;
- **direttore Ufficio studi**: comunicazione macroeconomica.

SEGRETO n. 6: a ogni top manager è affidato un certo tipo di comunicazione, che viene coordinata dalla direzione comunicazione e relazioni esterne.

Nelle società di minori dimensioni, nei cui organigrammi aziendali non compaiono tutte le figure sopra elencate, le attività di comunicazione si sovrappongono e vengono gestite dalle più alte cariche sotto l'attenta regia del direttore delle relazioni pubbliche (o esterne), del fondatore o del direttore commerciale/marketing.

In azienda dunque c'è sempre un ufficio preposto alla costruzione di relazioni reciprocamente vantaggiose fra l'organizzazione e i diversi pubblici da cui dipende il successo o il fallimento dell'impresa. Per raggiungere i suoi obiettivi, questo ufficio deve comunicare con destinatari diversi, utilizzando tutta l'ampia gamma di mezzi disponibili.

Comunicatori e media

Quando è ben individuata, la funzione relazioni pubbliche persegue il conseguimento degli obiettivi dell'impresa attraverso un'azione ad ampio raggio, destinata a un'ampia gamma di pubblici diversi, avvalendosi di tutti i canali informativi idonei allo scopo.

I principali destinatari sono: giornalisti, mondo politico, azionisti, consumatori, dipendenti, reti di vendita e altre imprese. I vari mezzi da utilizzare per raggiungere queste categorie comprendono la stampa, gli audiovisivi, gli *house organs* (stampe d'informazione aziendale), i contatti diretti (mailing, incontri, convegni ecc.).

La divisione comunicazione intrattiene rapporti con i vertici dei media, che comprendono tutto ciò che è parola scritta, orale o informazione visiva, vale a dire stampa, televisione, radio e web tv. Il suo lavoro si sostanzia in particolare nelle azioni qui di seguito illustrate.

Redazione del comunicato stampa

È lo strumento principale con il quale diffondere fatti importanti della vita aziendale in modo tempestivo, efficace ed efficiente. È un documento che di norma non supera le due cartelle (4000 battute inclusi gli spazi) e viene redatto in maniera chiara, sintetica e trasparente. A fondo pagina rimanda, per ulteriori approfondimenti, a un contatto diretto con l'azienda.

Un buon comunicato stampa racchiude la notizia nelle prime cinque righe. Il testo è presentato da un titolo che riporta l'oggetto della comunicazione e da un sommario che riassume i fatti salienti. Il restante testo contiene informazioni di carattere generale e di dettaglio, illustrate con l'ausilio di grafici e dati.

Si tratta di un aiuto fondamentale per il lavoro dei giornalisti, che operano quotidianamente con più notizie e che, dunque, hanno poco tempo a disposizione e scadenze improrogabili per la consegna delle pagine. Molti di loro si occupano anche dell'impaginazione e della titolazione, il che non fa che ridurre ulteriormente il tempo lavorativo a disposizione per l'elaborazione testi.

Il comunicato stampa è un'informativa scritta in modo chiaro e con frasi piuttosto brevi, che possa venir ripresa quasi integralmente. Quasi nessun giornalista però scrive articoli utilizzando esclusivamente i dati contenuti nei comunicati stampa: i giornalisti arricchiscono sempre le notizie con proprie valutazioni o con dettagli che si procurano autonomamente.

L'unità di misura dei giornalisti e dei comunicatori, del comunicato stampa come degli articoli, è la "cartella" (30 righe di testo da 60 caratteri l'una, per un totale di 1800-2000 caratteri inclusi gli spazi e i segni di interpunzione, come apostrofi, virgole e punti). Negli Stati Uniti la cartella standard è di 2000 caratteri.

Solitamente il comunicato contiene anche il discorso diretto di un top manager aziendale (presidente, amministratore delegato, direttore) e può essere stilato per molteplici occasioni: la comunicazione dei risultati d'esercizio, la nomina di un nuovo amministratore, la stipula di un accordo commerciale, l'annuncio di una fusione, l'acquisizione di un importante contratto ecc.

Preparazione di interviste con la stampa

L'ufficio relazioni esterne è chiamato a preparare interviste e ad assistere gli intervistati. La reputazione di una società può infatti dipendere in senso positivo o negativo anche dal modo in cui si svolge un'intervista e da quanto è stata opportunamente preparata. Per esempio, è prassi normale che l'intervistato riceva una lista di domande possibili e che il suo staff di comunicazione lo aiuti a preparare le risposte più adeguate.

Per far fronte a eventuali domande impreviste, l'ufficio simulerà alcune possibili domande, più difficili e insidiose. Sarà poi compito dell'addetto alla comunicazione fare in modo che questo genere di quesiti non venga posto o non venga riportato nell'articolo, coltivando il rapporto di fiducia con l'intervistatore.

Preparazione di interviste con radio e tv (anche webtv)

Le interviste radiotelevisive sono sempre più frequenti e molti personaggi dell'economia e della finanza sono lusingati quando possono portare le loro dichiarazioni in video. Negli ultimi anni la televisione sta puntando sulla spettacolarizzazione: si sono moltiplicati i programmi di intrattenimento con interviste e i talk show con ospiti che possono interloquire fra loro anche animatamente, per catturare l'audience.

Occorre dunque una preparazione adeguata per gestire gli interventi televisivi, che, specialmente quando si viene invitati in queste vere e proprie arene di scontro verbale, deve essere minuziosa. È sempre bene ad esempio essere pronti a tirar fuori dalla tasca qualche appunto: sciorinare in diretta dati, numeri e relative fonti su ogni argomento per così dire "scivoloso" lascia intendere che, oltre a essere ben informati, si ha la situazione sotto controllo.

Ciò permette all'intervistato di risultare preciso e metodico, di tenere la telecamera più a lungo su di sé, di suscitare l'approvazione del pubblico e la gratitudine del conduttore. Poiché in questo modo si porta valore aggiunto anche al suo programma.

Organizzazione di conferenze stampa

Quando ci sono i presupposti per farlo, il capo delle relazioni esterne organizza un incontro fra i vertici societari e il maggior numero di giornalisti possibili, per un evento denominato "conferenza stampa".

Questi incontri prevedono delle domande finali e normalmente riguardano fatti eccezionali della vita aziendale, come il lancio di un prodotto innovativo, la presentazione del nuovo leader, l'emissione di nuove azioni o obbligazioni con sottoscrizione aperta al pubblico, le acquisizioni, le fusioni e le incorporazioni, la presentazione dei risultati annuali.

Non sempre le conferenze stampa si svolgono presso il quartier generale della società. Alcuni danno appuntamento ad analisti e giornalisti presso la sede dell'associazione industriali, nei prestigiosi saloni di Borsa italiana o in un hotel.

La **scelta della data** per l'incontro ha un forte carattere strategico. Prima di definirla è dunque necessario informarsi con largo anticipo sul calendario delle manifestazioni economico-culturali previste per lo stesso giorno. Infatti, se il proprio evento avesse luogo in concomitanza con altri avvenimenti, le diserzioni dei giornalisti, specializzati e non, risulterebbero significative.

Un altro fattore da tenere in considerazione è che, se si desidera incontrare giornalisti di settimanali e periodici, bisogna tener conto dei tempi editoriali di lavorazione e calcolare le date di possibile uscita del servizio su dette testate.

È quasi inutile infatti sperare di veder pubblicato qualcosa su un settimanale o un periodico circa un evento che ha preceduto di pochi giorni la stampa del giornale, se non si contatta la redazione per tempo. Gli articoli programmati si smontano solo per cose urgenti e clamorose. E le notizie che non entrano in un numero, non è detto che trovino spazio in quello successivo, se altre sono già in programma.

Anche l'**orario**, così come la data, ha la sua importanza, dal momento che nel pomeriggio i redattori dei quotidiani sono normalmente impegnati nella stesura degli articoli che usciranno il giorno successivo.

L'orario migliore per tenere una conferenza stampa è dunque l'intervallo di tempo che va dalle 10 e alle 12:30. Dopo questa fascia oraria, generalmente, nelle redazioni i capiservizio tornano dalla riunione del mattino e assegnano ai redattori in missione esterna la lunghezza dei pezzi. Talvolta ciò accade dopo la pausa pranzo.

La conferenza può dunque "sforare" fino alle 12:45/13:00, se si prevede l'arrivo di qualche caposervizio, e concludersi con un veloce buffet. Nel primo pomeriggio tutti i giornalisti rientrano in sede per consegnare i servizi e partecipare alle riunioni.

Il mattino è il momento ideale anche per inviare i comunicati ai quotidiani e alle agenzie di stampa, che istituzionalmente devono diffondere la notizia prima di sera (nel caso di notizia finanziaria diffusa prima della chiusura dei mercati).

Non tutti i giornalisti che si presentano alla conferenza stampa si fermano sino alla fine: alcuni passano esclusivamente per "contatto", perché le cartelle stampa ormai si mandano via email.

Grazie alla diffusione delle nuove tecnologie, si moltiplicano anche le videoconferenze (pensiamo ad esempio a Bill Gates per Microsoft e Steve Jobs per Apple). In questo caso i giornalisti possono partecipare senza muoversi dalle loro redazioni, ponendo le loro domande direttamente via webcam oppure girandole agli addetti alla comunicazione via *Skipe*, *Facebook* e *Twitter*. Per gli eventi più importanti si organizzano conferenze stampa dal vivo.

Servizio ritagli stampa

Dopo la conferenza stampa, si procede alla verifica dell'interesse che la società organizzatrice ha ottenuto dai media, attraverso la raccolta dei ritagli stampa e dei pdf delle pagine web, nonché il download delle interviste audio e video dai siti dei rispettivi media.

Per il management è essenziale poter disporre giornalmente di questo riscontro: gli effetti infatti possono essere immediati sugli ordinativi di un certo prodotto (se questo è stato presentato ai media durante i giorni di una fiera) o sul prezzo di un titolo (se sono stati presentati i risultati di bilancio). Perciò, è molto importante che i responsabili della comunicazione organizzino un efficiente servizio di reporting.

Per facilitare il lavoro, esistono apposite agenzie on line (ad esempio "L'Eco della Stampa") che forniscono questo servizio in modo molto completo e tempestivo, effettuando a richiesta la ricerca su testate nazionali, locali e internazionali. Alcune agenzie effettuano ricerche di file audio/video, altre, con l'ausilio di software di ricerca automatica, trovano tutte le citazioni riguardanti la società sul web ed effettuano un'analisi qualitativa.

Compito dell'ufficio comunicazione resta quello di coordinare tutte le ricerche effettuate in *house* e in *outsourcing*, ovvero organizzare la raccolta, l'analisi dei risultati e la consegna dei materiali ai top manager.

Convegni, congressi, tavole rotonde

La vita aziendale è fatta anche di momenti in cui i vertici hanno interesse a presentarsi in pubblico per ribadire la leadership settoriale dell'impresa e l'autorevolezza che le consegue da tale posizione. Altre volte, un'impresa può scegliere di farlo anche per presentare un'innovazione che influenzerà significativamente il mercato.

In ogni caso la partecipazione attiva a convegni, congressi e tavole rotonde contribuisce a rafforzare la propria immagine. Le riunioni pubbliche vengono prevalentemente promosse dalle aziende o da attori neutrali sul mercato, come organizzazioni, gruppi di ricerca, università, associazioni e giornali.

Sponsorizzazioni

I vantaggi offerti dal finanziamento di convegni, mostre, concerti ecc. sono sempre difficili da calcolare, specie se questi eventi non sono organizzati alla perfezione. Proprio per questo talvolta il reparto comunicazione di uno sponsor richiede di poter supervisionare l'organizzazione dell'evento, la lista degli ospiti da invitare al cocktail d'inaugurazione, la tavola rotonda di presentazione e il *placement* degli ospiti al *dinner*, vale a dire tutte le occasioni ad alta visibilità dalle quali i vertici aziendali possano trarre beneficio immediato: contatti col mondo imprenditoriale, istituzionale e culturale o semplici fotografie che poi finiscono sui giornali.

Road shows

La moda delle presentazioni itineranti è esplosa in Italia negli anni Novanta. Si tratta di azioni di pr, finanziarie e non, organizzate dalla divisione comunicazione, che sono molto diffuse nei Paesi anglosassoni. I road shows si sostanziano in una conferenza seguita da cocktail e hanno il fine di mettere in contatto i vertici aziendali direttamente col pubblico di nuovi potenziali investitori.

Filmati video

Si è diffusa l'abitudine di registrare e montare filmati video low cost. Una parte dei filmati viene caricata sui siti attraverso server no cost come www.youtube.com. Questo canale è utilizzato dalle aziende per presentare i propri prodotti e servizi, mentre è ancora decisamente poco sfruttato per la diffusione di risultati e analisi e per le proiezioni durante gli incontri con la comunità finanziaria, gli analisti, la stampa finanziaria, le forze vendita, i concessionari o i gruppi di investitori. In tutti questi casi si preferisce, di solito, il proprio sito con area ad accesso limitato alla propria intranet.

Molte società hanno creato già da vari anni una vera e propria tv digitale, con programmi a flusso continuo dedicati ai consulenti e ai clienti. In questo caso una parte dell'ufficio comunicazione si occupa della produzione di servizi, notiziari e talk show, come fosse la redazione di una testata specializzata.

Comunicazione interna

La comunicazione esterna di un'azienda viene monitorata anche dai dipendenti e dalle reti di vendita. Questi, però, hanno a disposizione molte più informazioni degli altri *stakeholders*. È sempre opportuno predisporre un programma di comunicazione interna che punti a sviluppare e sostenere l'interesse degli impiegati e delle forze vendita nei confronti dell'azienda.

Tali pubblici ovviamente sono di solito abbastanza informati sull'operato dell'azienda, ma il più delle volte necessitano chiarimenti sul perché di certe scelte e devono essere stimolati alla fedeltà e alla riservatezza a proposito delle informazioni sensibili. A questo scopo il servizio comunicazione si preoccupa di fissare incontri periodici e presiedere alla realizzazione di *house organs*, newsletter e documentari video.

House organ

L'organo d'informazione interna è un prodotto creato nelle aziende attente alla valorizzazione delle risorse umane. Talvolta può essere spedito anche a interlocutori esterni qualificati, come i giornalisti, appunto per testimoniare tale attenzione.

L'*house organ* riporta i fatti societari più salienti e dedica pagine agli eventi societari quali convention, cerimonie locali, eventi culturali e sportivi di cui l'azienda è sponsor. Questo strumento di comunicazione dedica di solito uno spazio molto ampio ai temi del lavoro e a ciò che può riguardare i dipendenti (nascite, lutti, lauree, matrimoni).

Le testimonianze di ex dipendenti in pensione rafforzano il senso di appartenenza alla community. Se la società è quotata, sono inclusi anche articoli sull'andamento del titolo.

Corredo e monografia aziendale

Qualora esistesse già, l'ufficio relazioni esterne coordina la realizzazione di un kit di base per la comunicazione, comprendente biglietti da visita, brochure, cartelle stampa, cataloghi su prodotti o servizi, monografia aziendale (approfondiremo questo tema nel capitolo 3).

In coincidenza con anniversari particolari o quotazioni in Borsa viene solitamente pubblicata una monografia aziendale, con preziosa legatura. Essa generalmente contiene:

- una sezione dedicata alla storia cronologica dell'azienda;
- una sezione dedicata ai personaggi dell'azienda;
- una sezione che analizza il prodotto e il mercato di riferimento;
- una sezione dedicata al prodotto in termini tecnici;
- una sezione destinata alle iniziative, alle idee, ai risultati ottenuti.

Talvolta in queste occasioni si organizzano anche visite guidate, durante le quali il comunicatore fa visitare l'azienda mentre si lavora a ritmi abituali, offrendo una prospettiva di serena e quotidiana realtà.

Scegliere il comunicatore aziendale

Si può assumere un singolo professionista, oppure avvalersi di un'organizzazione professionale che svolga questa attività dall'esterno. Nel corso degli anni '80 le principali agenzie del settore si sono raggruppate in associazioni (Assorel, Aisscom, Ferpi) e si sono uniformate ad alcuni standard qualitativi dandosi un codice deontologico.

L'attività attuata dalle agenzie di relazioni pubbliche a servizio completo e dai singoli professionisti si articola in:

1) *fase di analisi*: acquisizione di informazioni dal committente, ricerca di documentazione, simulazione di scenari operativi, ricerche qualitative e sondaggi d'opinione, valutazione di risorse, opportunità e rischi;
2) *fase progettuale*: stesura del progetto strategico e del piano operativo.

I servizi di un'agenzia a servizio completo si sostanziano in:

1) **Rapporti continuativi con la stampa**:
   - organizzazione di conferenze stampa e interviste;
   - creazione di informazioni istituzionali e di prodotto;
   - realizzazione di materiali audiovisivi;
   - rilevazioni e rassegne mirate sui mezzi di stampa e video
   - organizzazione di seminari e simposi, convegni, congressi e conferenze, tavole rotonde, convention di vendita, workshop, eventi speciali, inaugurazioni, presentazioni di prodotti, visite di stabilimenti.
2) **Rapporti con le istituzioni e le comunità locali**:
   - osservatori, monitoraggi e interpretazioni di programmi legislativi;
   - *investor relations*;
   - rapporti istituzionali con analisti e comunità finanziaria, *lobbyng*;
   - presentazione di proposte/osservazioni, anche attraverso Libri Bianchi.
   - mostre/fiere: coordinamento presenze, animazioni, eventi collaterali;
   - media training e formazione;

- corsi per un approccio professionale con i mezzi tv, radio, stampa.

3) **Sponsorizzazioni**: organizzazione di manifestazioni culturali, sportive, di spettacolo e gestione della relativa comunicazione.
4) **Pubblicazioni:** elaborazione di monografie, *house-organs*, relazioni di bilancio, opuscoli, cataloghi, newsletter.
5) **Audiovisivi:** organizzazione di multivisioni, produzione di filmati, presentazioni video istituzionali, documentari promozionali per prodotti e servizi, telegiornali aziendali, creazione di web tv aziendali.

SEGRETO n. 7: individua il comunicatore della tua azienda, poi definisci i limiti della sua attività e il piano di comunicazione per i prossimi 12 mesi. Monitora l'attività, i tempi, gli strumenti e i metodi di attuazione.

RIEPILOGO DEL CAPITOLO 1:

- SEGRETO n. 1: l'obiettivo della comunicazione d'impresa è costruire e mantenere viva nel tempo l'immagine positiva dell'azienda.
- SEGRETO n. 2: l'azienda deve dialogare contemporaneamente con i propri dipendenti, i clienti, gli interlocutori istituzionali e i media.
- SEGRETO n. 3: per ottenere risultati soddisfacenti si deve sempre definire il ruolo della comunicazione e il suo posizionamento in azienda.
- SEGRETO n. 4: la comunicazione interna diventa tanto più efficace quanto più aumenta lo spirito di gruppo.
- SEGRETO n. 5: vanno sempre identificati i destinatari della propria strategia di comunicazione.
- SEGRETO n. 6: a ogni top manager è affidato un certo tipo di comunicazione, che viene coordinata dalla direzione comunicazione e relazioni esterne.
- SEGRETO n. 7: individua il comunicatore della tua azienda, poi definisci i limiti della sua attività e il piano di comunicazione per i prossimi 12 mesi. Monitora l'attività, i tempi, gli strumenti e i metodi di attuazione.

CAPITOLO 2:
Come gestire la comunicazione nelle piccole e grandi imprese

I grandi gruppi

Abbiamo già accennato al caso delle grandi aziende, che vantano un organigramma complesso e la presenza di una divisione comunicazione, con un direttore che coordina il lavoro delle pubbliche relazioni, dell'ufficio stampa e delle relazioni interne.

La direzione comunicazione talvolta lavora in modo indipendente dalla direzione del personale e anche dalla direzione marketing. Può addirittura dipendere soltanto dai vertici: presidente e amministratore delegato. Svolge comunque sempre una funzione di staff rispetto al vertice, al quale offre supporto e consulenza.

Vediamo cosa succede nei vari casi:

- *Quando riporta al presidente o all'amministratore delegato*: questa scelta assicura grande sintonia con il vertice e garantisce una risposta rapida alle richieste più "difficili" avanzate dai media (informazioni sensibili o riservate). Essa però espone ad alcuni rischi, in particolare allontana l'ufficio comunicazione dal corpus aziendale, che può essere tentato di identificarlo solo come portavoce del leader e non come un ufficio di collegamento dell'intera impresa con i media.

- *Quando riporta al direttore generale*: questa scelta ha il pregio di mostrare chiaramente a tutte le funzioni aziendali che la comunicazione è al servizio dell'intera impresa. La cosa funziona finché c'è concordia fra presidente e direttore generale o amministratore delegato e direttore generale. In caso di conflitto, però, le cose si complicano e l'ufficio comunicazione, se troppo fedele a quello dei due che "leva le tende", rischia di essere sostituito.
- *Quando riporta alla direzione del personale o alle relazioni esterne*: in questo caso l'ufficio comunicazione lavora a contatto diretto con coloro che si occupano delle relazioni industriali, cioè le persone preposte a tenere i rapporti con i sindacati. Alla direzione del personale di solito la comunicazione risponde anche per quanto riguarda il fronte interno. Il rischio consiste nella troppa distanza dal vertice

aziendale. La direzione del personale inoltre tradizionalmente "frena" su tutto, poiché viene da una "scuola del silenzio" e da un'esperienza di conflitti sindacali. Di riflesso, dunque, l'ufficio comunicazione potrebbe risultare poco "friendly" ai suoi interlocutori.

- *Quando risponde al marketing o alle vendite*: in questo caso la comunicazione risulta efficiente solo se la società non è troppo grande ed è molto orientata al mercato. Se insomma viene vista come un "supporto" utile per le vendite e viene trainata dal reparto pubblicità.

In un grande gruppo multinazionale, la comunicazione dipende gerarchicamente dalla struttura presente sul territorio nazionale, ma può operare con un certo grado di autonomia, qualora le sia stato accordato. Dipende funzionalmente dal quartier generale della sua casa madre, che traccia la "linea" di comunicazione in tutti i Paesi.

Dunque l'addetto alla comunicazione in Italia, così come i suoi colleghi nel resto del mondo, deve saper mediare fra le esigenze della struttura nazionale e quelle della struttura internazionale.

Molto spesso questo tipo di mediazione non è facile. Possono ad esempio emergere interessi contrapposti tra due nazioni vicine, oppure venirsi a creare gerarchie "a sorpresa" fra manager che apparentemente sono sullo stesso piano.

La filiale nazionale non deve cadere nell'errore della **replica passiva**, della fuga dai problemi e dell'acquiescenza per non scontentare il quartier generale. Sul piano pratico ciò porta solo a rimandare i problemi ed eventualmente a ingigantirli nel medio termine.

In un'impresa a carattere nazionale, i risultati dell'ufficio comunicazione dipendono molto dal tipo di rapporto che esso riesce a instaurare con i vertici. Bisogna costruire una buona sintonia senza che l'addetto alle comunicazioni perda la sua autonomia di giudizio, perché questa è molto preziosa per il vertice aziendale.

Si farà innanzitutto una riunione annuale per decidere la direzione da prendere e condividere gli obiettivi. Poi la periodicità degli incontri può essere libera, per esempio mensile (anche se capiteranno momenti in cui ci si vedrà tutti i giorni o una volta alla settimana).

SEGRETO n. 8: è importante delegare all'incaricato prescelto la comunicazione interno-esterno e quella interna e individuare un referente di grado elevato che possa raccogliere informazioni dai reparti.

L'ufficio comunicazione deve avere, come abbiamo già detto, un **referente**, che permetta di avere informazioni immediate sulle novità che riguardano l'impresa e risponda tempestivamente alle richieste dei media, soprattutto delle agenzie di stampa, dei quotidiani nazionali, delle radio e tv nazionali. In Italia infatti la stampa ha un peso ancora molto importante per l'opinione pubblica.

Ai quotidiani, in particolare, bisogna rispondere oggi perché l'articolo che coinvolgerà la nostra azienda sarà fuori domani e sarà fuori comunque, se hanno deciso di scriverlo: con o senza le nostre dichiarazioni. Una risposta va data anche se il top management non può prendere decisioni immediate rispetto a una certa questione. Una telefonata pacata, che rimandi la risposta di qualche giorno, qualche volta evita l'uscita di indiscrezioni sbagliate e permette di mantenere un buon rapporto con chi è costretto in ogni caso a trattare la vicenda.

Consentire il lavoro dell'ufficio comunicazione talvolta significa agevolare il suo accesso a informazioni riservate. Molte società stipulano con il direttore della comunicazione un vero e proprio contratto per disciplinare questa materia, non si affidano al semplice rapporto di fiducia. Altre invece ritengono di dovergli comunicare solo quel che potrà realmente riferire all'esterno. Ma di questo parleremo più dettagliatamente nella sezione dedicata alla comunicazione del settore finanziario, che affronta giornalmente questo genere di problemi.

Sulla **riservatezza**, insomma, ci sono due scuole di pensiero, inutile cercare la migliore o la via di mezzo. C'è chi preferisce informare di tutto il direttore della comunicazione, perché possa padroneggiare meglio le circostanze, negli incontri o ricevendo le telefonate dai giornalisti. C'è chi preferisce invece lasciarlo davvero all'oscuro delle informazioni più delicate, perché risulti sincero e spontaneo quando si sottopone alle pressioni dei colleghi. Una divulgazione anche involontaria di informazioni "sensibili" sotto il profilo normativo e di legge, infatti, può creare danni irreparabili, soprattutto se si tratta di imprese quotate su un mercato regolamentato.

D'altra parte la funzione del responsabile della comunicazione anche in tali momenti è il collegamento tra media e azienda. **In Italia il suo non è un ruolo di protagonista**. I vertici devono dunque ricordare ai propri manager che è necessario essere sempre disponibili a esaudire le richieste di interviste e interventi, poiché la funzione dei PR è quella di mettere in contatto i giornalisti con la persona giusta all'interno della società. Questo è quanto avviene in Italia.

Negli altri Paesi, soprattutto in quelli anglosassoni, **il portavoce invece viene ufficialmente delegato a parlare**, anche in tv: la stampa straniera si considera soddisfatta dalla dichiarazione di un portavoce, perché il diretto interessato lo ha incaricato di rilasciarla. In Italia invece questa pratica non è in uso.

Il leader di un'azienda conquista una vera visibilità quando i giornalisti cominciano a richiedere il suo punto di vista su varie vicende di attualità, dall'aumento della pressione fiscale alla costruzione del ponte sullo Stretto di Messina.

Prendere tempo significa lasciarsi sfuggire un'importante occasione e qualche volta, se si fa aspettare un giornalista fino a sera e poi si decide di non parlare, ci si ritrova a leggere che "la propria azienda, raggiunta telefonicamente, non ha voluto rilasciare dichiarazioni", frase che non compromette la propria integrità, ma fa sospettare un modo di fare ruvido.

SEGRETO n. 9: bisogna essere sempre preparati a rispondere ai media perché le notizie che riguardano l'azienda potrebbero essere on line nel giro di pochi minuti.

Alcuni amministratori delegati hanno l'abitudine di distribuire il loro numero di cellulare ai giornalisti che li trattano meglio. Questo comportamento somiglia un po' a quello dei trapezisti del circo che, per sembrare più bravi degli altri, rinunciano alla rete di sicurezza che li salverebbe da una tragica caduta sulla pista.

Alcuni top manager, dopo qualche frase e qualche "caduta", hanno preso l'abitudine di richiamare i giornalisti, per farsi assistere dai loro portavoce. I migliori adottano il sistema della "telefonata a tre", che viene registrata. Il giornalista viene quindi richiamato dall'ufficio comunicazione per l'intervista in *conference call*.

In tal modo il portavoce può bloccare domande inopportune o precisare risposte pericolose. Se l'uomo della comunicazione ravvisa qualcosa di troppo "forte" interviene subito a correggere e stemperare. E poi si assicura che il giornalista abbia appieno compreso la volontà dell'azienda di apparire meno "diretta".

Se non è sicuro che il messaggio sia stato recepito correttamente, capita che il capo ufficio stampa o l'addetto alla comunicazioni chiami il diretto superiore dell'intervistatore, per ribadire quanto sopra. L'intervistatore sa che ciò può accadere, ma se è bravo non se ne preoccupa. Sa infatti che esistono differenze fra giornalisti e giornalisti: fra giovani e anziani, fra collaboratori esterni e dipendenti, fra tirocinanti e professionisti con carriere redazionali di lungo corso.

Le piccole imprese

Le imprese di dimensioni ridotte e tutti gli organismi di carattere socio-culturale hanno esigenze specifiche per la creazione della loro comunicazione, che può essere prevalentemente a carattere locale o territoriale, ma può raggiungere episodicamente anche il livello nazionale.

Per comunicare una piccola realtà, non si possono applicare norme e regole in modo rigido, perché spesso la funzione di addetto stampa è svolta da qualcuno che deve assolvere anche un altro incarico. In questo caso anche un impegno a tempo parziale può dare risultati soddisfacenti.

Chi si occupa del rapporto con i media inizialmente potrebbe essere qualcuno che lavora a stretto contatto con il leader, un fratello minore (vedi il caso di Rosanna per il fratello Giorgio Armani) o un figlio, a patto che abbia compiuto un percorso formativo idoneo.

Nelle piccole realtà una forte relazione con l'ideatore del business (talvolta sono due o tre) è basilare. I piccoli imprenditori fanno infatti molta fatica a delegare i propri rapporti a un "estraneo", anche se si tratta di un amico o un conoscente. E hanno il desiderio di supervisionare e modificare ogni cosa, facendosi forti della loro esperienza in azienda e nel settore.

Se però questa impostazione prosegue nel tempo, si rallentano i tempi di dispiegamento delle azioni di comunicazione e talvolta se ne mina anche l'efficacia. Poiché quasi sempre non si riesce a far crescere il servizio comunicazione e quasi mai si rispettano i tempi richiesti dai media per interviste, creazione di dossier speciali e campagne virali, invio di immagini, pubblicità tabellare, materiale per i publiredazionali o comunicati stampa in vista di fiere e convegni.

La "macchina" della comunicazione funziona solo se il leader si rende sempre disponibile e in modo tempestivo per qualcuno al quale decide, nel tempo, di delegare. Un esempio di perfetta comprensione dell'importanza della comunicazione è rappresentato da Nerio Alessandri, fondatore di Technogym, azienda produttrice di macchine per fare sport in palestra e a casa, che ha voluto fin dallo start up un ufficio pubbliche relazioni.

Nel caso in cui i soci fondatori siano più di uno, è più facile che la comunicazione venga affidata a un soggetto "neutro" esterno, che risponda alla direzione generale o si "appoggi" alla segreteria, in modo che non si dia eccessiva visibilità a uno solo dei due-tre leader.

L'arrivo di un consulente o l'inserimento di un familiare che ha compiuto studi specifici nella comunicazione deve essere enfatizzato. Questa persona deve essere presentata allo staff come un arricchimento per l'impresa, non come la prova ambulante di una difficoltà di comunicazione del leader o dei soci fondatori. Deve essere visto come colui che dà forma all'idea.

La forma, diceva Aristotele, è l'essenza delle cose, ciò che rende intelligibile la sostanza. Non si abbia dunque paura di apparire troppo deboli o pretenziosi se ci si avvale di un assistente o di un consulente per la comunicazione.

È bene spiegare a tutti che il comunicatore non ha l'obiettivo di cambiare il modo di essere del titolare o dei suoi manager, ma può aiutare a rendere più comprensibili e convincenti i prodotti e i servizi dell'azienda. Tutti possono, grazie alla sua presenza in azienda, migliorare sensibilmente le proprie capacità espressive.

Nel primo mese di lavoro, dunque, ci si deve porre come obiettivo il superamento delle diffidenze iniziali e la creazione di un appuntamento almeno settimanale dedicato alla comunicazione con il leader. Il servizio comunicazione di una piccola impresa si avvia infatti esattamente come quello di una grande organizzazione.

Molti degli interlocutori dell'impresa sono collocati in ambito provinciale o regionale (istituzioni, media, *opinion makers*, rappresentanze di settore ecc.). Tuttavia non è detto che debbano essere trascurati i contatti di livello nazionale (testate di settore, partecipazione a convegni ecc.).

Il consulente per la comunicazione potrà occuparsi anche di alcuni aspetti pubblicitari e di immagine, se ha maturato specifiche competenze in proposito, ricoprendo dunque anche il ruolo di grafico per i prodotti a stampa o di webmaster per siti, portali ed e-commerce. Ruoli che ovviamente non si improvvisano, perché il danno che ne deriverebbe supererebbe di gran lunga il risparmio (di tempo e denaro) che si otterrebbe ricorrendo a professionalità collaudate.

SEGRETO n. 10: è meglio prendere un consulente occasionale (anche low cost), piuttosto che ritrovarsi a non sviluppare la comunicazione aziendale per mancanza di tempo o energie.

Lo start up di comunicazione della piccola impresa

Progettare un'**immagine coordinata aziendale** è il primo passo da compiere per il fondatore che matura la consapevolezza di dover comunicare per assicurarsi un buon sviluppo del suo business. Sono sempre di più le aziende che creano un'immagine coordinata fin dall'esordio, in modo da presentarsi al mercato con una veste affidabile e professionale. L'immagine coordinata è composta da vari elementi.

Brand

Può essere composto da logo più *lettering* (ad esempio il "rombo" del marchio Renault (logo) più il nome della casa automobilistica, vale a dire il *lettering*) oppure solo dal *lettering*. Quando è composto solo da una scritta, viene studiato un carattere tipografico unico e ben identificabile.

Questo genere di loghi-*lettering* (es. Coca Cola, Fiat) sono meno diffusi e più difficili e costosi da far realizzare, perché devono possedere un carattere di "eternità". Nel gennaio 2011 il Laboratorio di Comunicazione della Moda ha realizzato un sondaggio sul riconoscimento dei marchi fashion: i più riconosciuti in assoluto sono risultati Lacoste e Calvin Klein (100%), D&G (98%), Nike (97%) e Puma (97%).

La creazione di un logo richiede professionalità specifiche. Meglio richiedere vari preventivi a fornitori diversi, chiedendo a ciascuno di proporre almeno tre loghi. Scelto quello definitivo, bisogna farsi consegnare un cd dallo studio grafico, contenente il logo originale nelle varie versioni. Va conservato nell'archivio aziendale insieme con le pratiche di registrazione societaria.

In questo modo si paga subito il dovuto per la creazione del proprio logo, che altrimenti resterebbe nelle mani di una tipografia. Il tipografo infatti il logo di solito lo "regala", facendosi pagare solo il servizio di stampa di carta intestata, volantini ecc. L'omaggio dura fino a quando non si cessa di commissionare lavori a quel committente.

Quando si cambia tipografia, arriva puntualmente il rifiuto di inviare o consegnare il logo originale, a meno che non si paghi quella creatività profusa qualche tempo prima dal grafico della tipografia. Talvolta le tipografie pretendono cachet più alti del solito per consegnare il marchio, neanche dovessero compensare il "mancato preavviso" di divorzio da parte del cliente. O si paga o si fa rifare tutto da un altro.

Dunque è molto meglio pagare subito il servizio di creazione della propria immagine coordinata (previo opportuno preventivo) e averne da subito il pieno possesso. Che si concretizza solo quando, lo ribadisco, ci si fa consegnare un cd contenente il logo disegnato e salvato secondo differenti specifiche.

Essenziale è il salvataggio del file in formato ".ai" oppure ".eps". Sono file cosiddetti vettoriali, che permettono di ingrandire il logo senza avere nessuna perdita di qualità, per qualsiasi utilizzo: dallo striscione al biglietto da visita. Poi occorre un file in formato ".jpg" a colori in 3 misure a scelta, utilizzabile per inserire il logo in carte intestate, fatture, buste da lettera ecc.. Servono anche un file in formato ".gif" in bianco e nero e un file in formato ".png" trasparente, indispensabile per altri usi pubblicitari.

Biglietto da visita

Può essere di tipo **istituzionale** e contenere solo le informazioni di base relative all'azienda, ossia ragione e scopo sociale, sede legale, partita iva, numero di telefono/fax, e-mail principale. Oppure di tipo **referenziale**, contenente le informazioni relative all'azienda e quelle dei singoli dipendenti. In questo secondo caso sotto ogni nome si possono inserire il numero di cellulare aziendale e la mail di riferimento. I biglietti referenziali vengono solitamente utilizzati da coloro che, per mansione, hanno un contatto diretto e frequente col cliente.

Il biglietto da visita classico ha dimensioni di 8,5 (base) × 5,5 cm (altezza). Alcuni professionisti e le aziende più "creative" preferiscono usare l'orientamento verticale. Si può stamparlo solo sul fronte o anche sul retro. Quest'ultimo è il caso dei manager commerciali che possono avere l'esigenza di consegnare un biglietto da visita italiano/inglese o italiano/arabo o italiano/cinese.

Brochure

Esistono numerosi tipi di brochure, ma i formati più usati sono:

- A3 piegato una volta (due ante, altezza 29,7 cm, base 10,5 cm). Offre quattro facciate in formato A4. È perfetta quando si ha un contatto diretto col cliente e si illustrano dal vivo servizi e prodotti. Può essere usata anche come cartelletta, per inserire un preventivo.
- A4 piegato due volte (tre ante, altezza 21cm). Offre sei facciate per l'inserimento di foto e testi. Viene utilizzata per promozioni postali. Solitamente non contiene mai informazioni dettagliate, ma solo dati essenziali su prodotti e servizi, corredati da immagini.

Catalogo

Esistono pure molti tipi di cataloghi. Ricordiamo i tre principali: pieghevoli, con punto metallico (vedi la rilegatura dei settimanali

Il Mondo o di *Novella 2000*) o brossurati (con la costola incollata a caldo, vedi la rilegatura del mensile *Vogue*).

I cataloghi pieghevoli sono utilizzati per elencare una serie di offerte che iniziano e finiscono in date stabilite. Sono costituiti da fogli anche di grande formato che vengono piegati più volte. Sono stampati su carta molto leggera. Vengono consegnati a domicilio nelle cassette postali o allegati a periodici locali. Non passano dal servizio postale, non hanno né francobollo né postatarget (ad esempio i cataloghi Unieuro, Expert, Euronics).

I cataloghi con punto metallico hanno le stesse funzioni dei precedenti e possono essere distribuiti sia manualmente a domicilio sia tramite servizio postale, purché avvolti nel cellophane. Ovviamente hanno un costo maggiore, ma si sfogliano più comodamente.

I cataloghi brossurati sono invece composti da pagine incollate una per una a caldo; la copertina presenta una costola laterale. Sono inviati solo ai clienti dell'azienda o consegnati a mano ai potenziali clienti nei meeting e nelle fiere. Contengono tutto l'assortimento di prodotti offerti dall'azienda. Se spediti con posta target, vengono avvolti nel cellophane.

SEGRETO n. 11: fai progettare o riprogettare un'immagine aziendale coordinata. Investi in cd con loghi e *lettering* nei vari formati, crea un raccoglitore dedicato al kit aziendale con campioni di biglietti da visita, carta intestata, busta, targa, striscione ecc. Il tuo business ne guadagnerà immediatamente.

L'organizzazione delle riunioni

Nelle piccole e medie imprese, esattamente come nelle grandi, la gente si riunisce a intervalli frequenti e regolari. La riunione infatti adempie a funzioni che non possono essere delegate: serve per rivedere, aggiornare, decidere su temi cruciali per lo sviluppo aziendale. Esistono vari tipi di riunioni: ad esempio le riunioni a due e quelle di gruppo. Esaminiamole.

Le riunioni a due: il colloquio con un esperto

Le riunioni con due soli partecipanti sono molto frequenti, soprattutto nelle piccole imprese, e non riguardano solo la comunicazione, ma anche molte altre aree. Il buon andamento di una riunione a due, può influenzarne fortemente l'esito. Nelle riunioni a due nelle quali una delle due parti, per esempio, ha bisogno dell'altra (per consulenza, formazione, istruzione interna) è bene dare utilizzare le tecniche di conduzione del colloquio tra un esperto e un soggetto che richiede aiuto o è obbligato a interpellarlo per procedure aziendali.

L'esperto mette in campo **tecniche di ascolto**, più che di esposizione delle proprie opinioni. La capacità di gestire queste tecniche fa sì che si possano acquisire molte informazioni su chi si ha davanti, consentendo poi di rispondere con maggior sensibilità e in modo esauriente.

Esistono alcune costanti di cui è possibile tener conto nel passare da un colloquio al successivo, costanti che legittimano tecniche adatte a tutti i colloqui. Un comunicatore sa applicare le tecniche di colloquio per sé e sa trasmetterle anche ai manager dell'azienda per la quale lavora. Un buon rapporto, un'amicizia sono condizioni necessarie ma non sufficienti per realizzare un buon colloquio professionale.

Il colloquio è una forma specializzata di comunicazione, diverso da una conversazione: l'interazione è volta a raggiungere uno scopo, scelto e accettato da entrambe le parti. Poiché il colloquio ha uno scopo, il suo contenuto avrà un'unità, una progressione e una continuità tematica, mentre una conversazione va avanti per associazione di idee e non esiste un tema centrale.

Qualcuno deve prendersi la responsabilità di dirigere l'interazione, in modo da farla procedere verso la meta e selezionare il materiale estraneo e quello pertinente. I rapporti di ruolo sono strutturati, a differenza delle conversazioni. Tra l'esperto e l'interlocutore non c'è reciprocità: l'esperto prende la guida perché sa come condurre il colloquio e conosce molto bene l'argomento.

Le azioni dell'esperto devono essere programmate, deliberate e scelte coscientemente per raggiungere lo scopo del colloquio, mentre il comportamento delle persone in una conversazione può essere spontaneo. Se si interrompe un colloquio, ad esempio, si può essere imputati di abbandono di responsabilità.

Un colloquio richiede un impegno intenso da parte dell'esperto. Per il colloquio ci sono un momento, un luogo e tempo definiti, al contrario di quanto succede per una conversazione. Nel colloquio c'è l'impegno specifico a stimolare l'apporto di fatti e sentimenti che possono contribuire a raggiungere lo scopo.

Come sottolinea Romina De Cicco, mediante le parole, poiché esse costituiscono le azioni, l'esperto potrà sperimentare con il suo interlocutore varie situazioni nel passato, nel presente e nel futuro. Inoltre, attraverso il colloquio, l'esperto si rende conto dei sentimenti e degli atteggiamenti dell'altro, del significato soggettivo della situazione oggettiva.

Il colloquio è una forma specializzata di comunicazione. Nel colloquio l'interscambio comunicativo interessa due persone dotate di un sistema di ricezione, elaborazione e trasmissione di informazioni.

Nel colloquio la comunicazione interessa principalmente l'uso di due recettori sensoriali, gli occhi e le orecchie. Il cervello interviene poi elaborando, richiamando informazioni memorizzate, collegando al messaggio altre informazioni pertinenti e traducendolo in modo da renderlo coerente con il sistema di riferimento.

In quanto riceventi, noi selezioniamo alcune parti del messaggio in arrivo, ne ignoriamo altre e risistemiamo ciò che giunge alle nostre orecchie in strutture interpretabili. A questo punto, immancabilmente, formuliamo un messaggio di risposta. Parole selezionate e atteggiamenti non verbali vengono trasmessi dagli "organi trasmittenti": la voce, la bocca, le mani, gli occhi.

Mentre riceve, elabora e risponde a messaggi esterni, il partecipante al colloquio riceve, elabora e risponde anche a messaggi che nascono dal suo interno. È sempre impegnato nel controllare cosa sente dentro di sé fisicamente ed emotivamente. Il cervello è il centro di comunicazione, elabora messaggi, li interpreta e formula una risposta adatta.

Un pensiero, prima ancora di essere verbalizzato per la trasmissione, deve passare attraverso una serie di vagli interni. La resistenza psicologica e la rimozione psichica bloccano la comunicazione di pensieri non esprimibili per cause emotive. La resistenza è la consapevole repressione di pensieri che chiederebbero di essere espressi. La rimozione invece indica che le barriere frapposte all'espressione di alcuni pensieri esistono al di sotto del livello della coscienza. I pensieri vengono vagliati senza che la persona si renda conto che esistono o che sono censurati.

Chi richiede un colloquio con un esperto può essere volenteroso e disponibile, ma anche incapace di comunicare alcune delle informazioni necessarie. La disponibilità a parlare e il desiderio di comunicare variano in funzione della speranza e della fiducia che tale coinvolgimento porti come risultato qualche vantaggio. Noi diamo la possibilità all'esperto di accedere a quel tanto di noi stessi che egli ha bisogno di conoscere per poterci aiutare. Facciamo questo solo perché confidiamo che, come risultato, egli sarà disposto, pronto e in grado di darci aiuto.

Come possono esserci difficoltà nella trasmissione del discorso, così possono esserci problemi per quanto riguarda la ricezione. La persona che ascolta il messaggio ha il suo bagaglio personale di barriere mentali, schermi e filtri che la proteggono dalla ricezione di messaggi che la rendono ansiosa, la mettono a disagio o minacciano la percezione favorevole che ha di se stessa, la sua pace psichica e la sua tranquillità.

Il processo della percezione selettiva ci consente di ascoltare soltanto ciò che ci concediamo di sentire e solo nel modo in cui ci concediamo di farlo. Non sentiamo soltanto ciò che decidiamo: la comunicazione si svolge su tanti e diversi livelli, attraverso canali differenti, è soggetta a distorsioni e malintesi.

Spesso non ci rendiamo conto di non capire: **il grande nemico della comunicazione è l'illusione**. Per comunicare è perciò necessario accettare il fatto che la nostra comprensione potrebbe non coincidere con la realtà.

La comunicazione coinvolge non soltanto ciò che viene detto e sentito – il messaggio codificato, trasmesso ricevuto, elaborato e decodificato – ma anche il contesto interpersonale nel quale si svolge questo processo. L'interazione emotiva fra le parti, nel procedere della comunicazione, influenza, positivamente, il processo della comunicazione stessa. Se c'è una buona atmosfera fra l'esperto e l'altra persona, entrambi sono più recettivi nei confronti dei messaggi che si stanno inviando.

Il rapporto è il ponte che mette le persone in comunicazione e produce l'effetto di intensificare e amplificare le conseguenze di qualsiasi interazione si verifichi nel colloquio, rendendo maggiore l'influenza dell'esperto, più accettabili i suoi suggerimenti, più efficaci le sue tecniche.

Incoraggiando l'autodeterminazione dell'altro, l'esperto stabilisce un'atmosfera di reciprocità, sprona l'interlocutore a contribuire attivamente alla risoluzione dei problemi e rispetta le sue iniziative. Comunica insomma la sua fiducia nella capacità dell'altro di arrivare alle sue personali soluzioni e lo aiuta ad arrivarci nel modo giusto.

Nell'esperto può scaturire un conflitto fra il desiderio di garantire una scelta personale dell'altro e la propria convinzione circa la decisione più auspicabile. Perciò egli deve sempre manifestare all'interlocutore un alto livello di interesse, dando prova di essere pronto e disposto ad aiutarlo, comunicando la sensazione che ciò che succede gli interessa veramente, anche al di là della sua responsabilità formale nei confronti del lavoro.

L'oggetto dell'accettazione non è né il buono né il cattivo, ma il reale, l'individuo come effettivamente è, e non come desidereremmo che fosse o come pensiamo che dovrebbe essere. Bisogna comunicare all'interlocutore che stiamo percependo e sentendo accuratamente la sua situazione.

Alcuni studiosi sono contrari a una risposta emotiva da parte dell'esperto e raccomandano invece obiettività, neutralità e soprattutto riservatezza. Importante è l'equilibrio fra queste componenti: i risultati derivano da ciò che l'esperto di fatto fa (comportamento) per aiutare il cliente (o il collega) a risolvere i problemi per cui è venuto.

L'interlocutore più debole porta con sé i propri rapporti con vari gruppi di riferimento e primari, la sua storia e il suo modo attuale di comportarsi. Egli appartiene a un sesso, rientra in un gruppo particolare per età, razza, occupazione, classe, religione e origine etnica. Ognuna di queste caratteristiche ci dice qualcosa, entro certi limiti, del probabile comportamento, dei sentimenti e degli atteggiamenti che egli terrà. Egli è anche membro di una famiglia, un particolare gruppo di compagni di lavoro, un gruppo di amici. Tutti questi elementi relativi al retroterra accompagnano e influenzano il cliente.

Anche l'interlocutore più esperto porta nel colloquio un insieme di fattori determinanti. Anche lui appartiene infatti a determinati gruppi di riferimento, ma la forza della sua preparazione consiste proprio nel saper sostituire al comportamento generalmente previsto il comportamento professionale che ci aspetteremmo da un esperto.

La più importante appartenenza a un gruppo di riferimento che egli porta al colloquio è quella professionale. Essa fornisce all'operatore un orientamento particolare che guida la sua percezione. Il fatto di identificarsi con la professione implica non soltanto l'adesione a certe tecniche di colloquio e l'impiego di un certo insieme di teorie, ma richiede anche un comportamento che rispecchi valori ed etiche professionali.

SEGRETO n. 12: il colloquio a due è un sistema in cui un partecipante ricerca, accetta o rifiuta gli sforzi messi in atto dall'altro per influenzarlo.

Con l'avvio del colloquio viene attivato un nuovo insieme di variabili, tipico di ogni determinato incontro. L'influenza potenziale dell'esperto è maggiore, in quanto lui ha il "**potere di competenza**" che gli deriva dalle specifiche conoscenze che si suppone egli abbia per aiutare il cliente a risolvere i problemi che lo investono. Ha anche il "**potere di riferimento**", che nasce dal peso che hanno per l'altro le sue espressioni di approvazione o di disapprovazione.

L'interlocutore debole ha poche fonti di potere a sua disposizione per dare efficacia ai suoi tentativi di influenza. Se l'esperto è stato inviato dall'amministratore delegato per tentare di risolvere la situazione coinvolgendo più aree aziendali, può trovarsi davanti qualcuno che: collabora, usa l'arma dell'indifferenza, può rifiutarsi di cooperare con l'operatore; può frustrare la realizzazione dello scopo del colloquio; può negare all'esperto la gratificazione data dal condurre un buon colloquio; può negargli le ricompense psichiche rappresentate dalle espressioni di apprezzamento e di gratitudine; può rifiutarsi di rendere facile il colloquio fornendo risposte limitate o che non portano a niente.

Chi ascolta, se non è stato lui stesso a invitare l'esperto, può negargli insomma la soddisfazione di una conferma della sua competenza o può offrirla in modo selettivo, solo se l'esperto a sua volta gli dà quello che vuole.

Studi approfonditi sul comportamento dell'esperto indicano che, sebbene ci sia nel suo comportamento un fondo di stabilità, mentre procede da un colloquio all'altro, si verifica qualche cambiamento in risposta all'individualità dei vari interlocutori. Alcuni esperti cercano di compensare una minore attività della controparte aumentando la propria.

Gli esperti che manifestano cordialità, pazienza, comprensione, tolleranza, sincerità sono probabilmente anche quelli che riescono in modo pienamente soddisfacente. Quanto meno l'esperto è ansioso e incerto, tanto maggiore è la sua probabilità di essere competente.

La competenza è associata con l'apertura mentale e con uno scarso dogmatismo. Gli esperti più competenti risultano controllati e piuttosto riservati. Sono seri, tenaci, riflessivi, interessati all'osservazione, tolleranti e comprensivi nei riguardi delle altre persone e della debolezza umana.

Un alto grado di estroversione e di socievolezza non è invece necessariamente collegato alla capacità di sostenere colloqui. È generalmente considerato auspicabile che l'esperto abbia numerosi interessi e un'ampia gamma di esperienza. In questo modo egli ha la capacità di comprendere una serie sempre più vasta di situazioni.

Di solito lo specialista più esperto manifesta un minor controllo, è meno attivo e meno incline a dare consigli e suggerimenti di quanto non faccia lo specialista alle prime armi. Quest'ultimo, poi, parla di più e si assume maggiore responsabilità per quel che riguarda la conduzione del colloquio. Lo specialista esperto tende a diversificare la propria attività e ad adattarla ai singoli casi. Dice solo ciò che deve essere detto e lo fa al momento giusto e così, facendo pesare ogni commento, è più efficiente.

Di solito i più esperti danno poche risposte che possono influenzare l'orientamento dei loro ascoltatori. Li lasciano liberi di decidere. Fanno sì che il colloquio proceda in modo produttivo verso l'obiettivo e che ciò avvenga senza difficoltà. Dunque si pongono in modo collaborativo per definire la situazione e assegnare al colloquio uno scopo che sia reciprocamente capito e accettato.

Un esperto agisce da forza dinamica e da catalizzatore, aiuta a scegliere e ad articolare le informazioni, riceve ed elabora dati complessi, dà risposte adeguate e valuta poi il loro effetto. Spesso ha il compito di riunire i vari pezzi della storia dell'altro, deve organizzarli e far in modo che formino un'immagine d'insieme. Deve essere sensibile ai cambiamenti del clima emotivo del colloquio.

Le sue risposte gratificano e rassicurano circa la sua adeguatezza. Se l'interlocutore è presente fisicamente, ma si è ritirato psicologicamente ed emotivamente dal colloquio, si conclude poco. Inoltre come già detto, se non si vagliano le ragioni strumentali che hanno fatto incontrare l'esperto e l'interlocutore, può realizzarsi un colloquio che soddisfa dal punto di vista tecnico, ma che non produce niente di utile.

L'obiettivo è sempre il soddisfacimento dei bisogni. Se l'esperto non ha una conoscenza approfondita dell'argomento, non potrà sapere quali domande gli verranno rivolte, quali informazioni sono più importanti, quali aspetti devono essere dettagliati. Inoltre è anche bene conoscere le soluzioni possibili, le risorse disponibili e i procedimenti attuati in un certo settore per risolvere un problema.

Non sempre l'ascoltatore ha una competenza tale che gli consenta di valutare la conduzione del colloquio, ma riesce sempre a giudicare se un colloquio viene guidato dall'esperto in modo competente o meno.

L'interlocutore più debole sa valutare bene la conoscenza dell'esperto in rapporto all'argomento specifico, dal momento che egli sta vivendo quel problema. Domande irrilevanti e osservazioni che tradiscono qualche falla sono vissute dall'ascoltatore come un pericolo.

Il rapporto che si instaura in un colloquio a due con un esperto può suscitare reazioni inaspettate. Anche se non si manifestano pregiudizi evidenti. Chiunque sviluppa antipatia verso le persone che rendono più difficile la realizzazione semplice o soddisfacente del proprio lavoro.

Il riconoscimento esplicito che un incontro è stato soddisfacente costituisce una ricompensa importante per l'esperto: è la prova obiettiva della sua competenza nel condurre colloqui. Qualcuno cerca di raggiungere questo obiettivo creando una situazione di adulazione reciproca o tentando di indurre il cliente ad avere simpatia per lui. Ma a cosa serve?

Attenzione anche a non manifestare all'interlocutore il proprio fastidio nell'affrontare un certo argomento. Questo può accadere quando le domande restano senza risposta e alcuni contenuti non vengono esaminati.

Concludiamo rilevando che la spontaneità può diminuire dopo aver avuto una serie di colloqui a due, con utenti diversi, sullo stesso problema, quando l'esperto arriva a valutare i limiti della propria influenza e capacità. Tuttavia egli dovrebbe evitare di confessare ai propri colleghi l'aumento della noia o della propria impotenza in certe situazioni.

SEGRETO n. 13: prima di affrontare un colloquio professionale rifletti sul tuo ruolo. Sei l'esperto o l'ascoltatore? In entrambi i casi adopera tutte le conoscenze che possiedi per arrivare al tuo obiettivo.

Le riunioni di gruppo

Un gruppo di persone produce più idee, piani e decisioni di quanto non possano fare un singolo o più individui lavorando da soli. Una riunione di questo tipo inoltre crea una responsabilità condivisa su quanto viene deciso collettivamente.

Esistono diversi tipi di riunione, con diverse finalità, modalità di svolgimento e gestione. Vi sono **riunioni quotidiane di un team** sulla gestione ordinaria. Altre, a cadenza settimanale o mensile, durante le quali **i partecipanti si riuniscono per lavorare su progetti di breve termine**. Le **riunioni per progetti speciali** sono invece composte da persone che normalmente non vengono in contatto tra loro. Di questi tre tipi, il primo è il più comune e anche quello che pone meno problemi. La frequenza degli incontri, la conoscenza reciproca dei partecipanti e dei temi trattati ne assicurano la breve durata.

Quando si lavora in gruppo, la soluzione di un problema passa attraverso diverse fasi. La prima è quella dell'**informazione** e della **valutazione**. Da questo momento in poi, sorge il problema del **controllo della comunicazione**: si sviluppano tensioni e conflitti, forme di aggressività e solidarietà, si crea il consenso intorno a un'idea e a un leader. Superata questa fase si passa al **momento decisionale**.

L'errore più frequente nelle piccole imprese è quello di non affidare l'organizzazione delle riunioni all'esperto di comunicazione. La prima cosa che il comunicatore indaga è la **vera utilità** della riunione. Per fornire informazioni, infatti, non serve una riunione, basta far circolare un documento.

Se l'incontro è giustificato, bisogna **convocare in anticipo** la riunione per permettere a tutti di prepararsi e di avanzare proposte che magari, nella loro prima formulazione, potrebbero apparire incomplete. Il responsabile della comunicazione può rendersi disponibile per aiutare i singoli partecipanti a visualizzare adeguatamente le loro idee con un Power Point, pur sapendo che non tutti accetteranno.

Risulta molto utile per tutti ricevere un **ordine del giorno della riunione**, vale a dire un programma degli argomenti da trattare. Questo documento è non solo un atto di educazione nei confronti dei partecipanti, ma anche uno strumento utile per aiutarli a programmare i loro impegni e decidere in che modo e misura prepararsi.

Ecco un esempio di cosa dovrebbe contenere una e-mail di convocazione:

location (es. giovedì 8 maggio 2010, sala verde); *orario di convocazione* (es. ore 8.30); *verifica partecipanti* (inserire i nomi in ordine gerarchico); *oggetto* (l'argomento da trattare); *inizio lavori* (es. ore 11); *agenda*: 1. (es. esame del progetto Cina); 2. (es. verifica delle risorse da impiegare per la Fiera); 3. (esame del nuovo prototipo); *chiusura lavori* (es. ore 12.30).

L'agenda può chiarire e sveltire una riunione, nonché permettere l'avvicendamento di partecipanti al tavolo al momento giusto. La presenza della scaletta inoltre evita che il gruppo si soffermi troppo su temi marginali e magari più divertenti, riducendo i tempi di trattazione dei temi "chiave". La scansione degli argomenti deve dare precedenza a quelli che necessitano di una soluzione urgente.

La prima parte di una riunione tende a essere la più vivace e la più creativa. Dunque è bene posticipare l'argomento che tutti attendono e sbrigare prima le altre questioni. La **prima fase critica** della riunione si presenterà infatti dopo i primi **15-20 minuti**, quando i temi cominciano a dividere i membri su fronti diversi. La scaletta in questo caso aiuta a non togliere spazio ad altre trattazioni e non influenza la votazione. Ogni riunione che preveda scontri su vari argomenti dovrebbe concludersi con un **argomento unificatore**, perché tutti se ne vadano con uno spirito positivo.

Riguardo al **numero dei partecipanti**, esso varia a seconda del tipo di riunione. Se ha un carattere strettamente informativo, può essere anche elevato. Se si prevedono discussioni e scambi di idee, dovrebbe invece essere compreso fra 4 e 8. Una riunione a 10 è tollerabile e 12 è il limite massimo. Come **durata**, un'ora e mezza è un tempo ragionevole.

Per quel che concerne la **documentazione**, se si manda l'invito via email, si possono distribuire documenti in allegato che permettano non solo di risparmiare tempo, ma anche di agevolare ciascuno dei partecipanti, dando loro l'opportunità di preparare domande o offrire propri approfondimenti.

Non ha senso riunire un gruppo di persone per leggere sei pagine stampate. Fanno eccezione i documenti finanziari e statistici, la cui funzione è quella di illustrare un discorso verbale, fungendo da riferimento. In questo caso è bene che anche una versione cartacea sia pronta sui tavoli all'inizio della riunione.

Una grande importanza rivestono anche questioni apparentemente marginali, come **la forma del tavolo e la disposizione dei posti**. Molti presidenti o fondatori di piccole imprese scelgono infatti i tavoli per i loro uffici senza riflettere sulla funzione che essi devono svolgere e sull'importanza della forma. Il buon esito delle riunioni è invece favorito anche dalla forma del tavolo attorno al quale si svolgono e la disposizione dei posti è fondamentale.

Il responsabile della comunicazione farà in modo che tutti siedano dove indicano i segnaposti e si presenterà in anticipo alla riunione, per evitare che i partecipanti possano cambiare posizione accordandosi fra loro.

Un tavolo di forma circolare occupa di solito più spazio di uno rettangolare od ovale, ma è molto indicato per le riunioni con soggetti esterni (es. potenziali fornitori, clienti, consulenti), quando non si vuole sottolineare il ruolo gerarchico. Inoltre esso permette a tutti la massima visibilità.

Il tavolo rotondo è particolarmente indicato per le imprese che producono prodotti o servizi ad alta intensità creativa, dove le riunioni sono in realtà dei *brainstorming* (letteralmente "tempesta di cervelli") durante i quali non si rispettano ruoli prestabiliti o sequenze preordinate.

Intorno a un tavolo rettangolare gli individui si pongono di solito su lati opposti, sottolineando così la contrapposizione fisica e di ruolo. Se si prevede un acceso e disordinato dibattito attorno a un tavolo rettangolare, è bene, se possibile, aumentare la distanza tra i posti oltre i 125 cm, in modo che i rapporti siano più formali.

È opportuno evitare che le persone che sono tra loro in confidenza si possano sedere vicine o a 90 gradi. Agendo sull'assegnazione dei posti, è possibile escludere gli individui più polemici o aggressivi dai principali assi di comunicazione. Chi ha più esperienza di riunioni tende a controllarsi nell'espressione del viso, dello sguardo, della gestualità, anche limitando tale controllo solo al proprio campo visivo.

Quando ci si reca in staff a una riunione presso terzi è bene sedersi sul lato lungo, al centro (se ci sono tre o cinque sedie), avendo di fianco i propri collaboratori, vale a dire individui solidali. Di fronte siederanno individui che potrebbero sostenere idee contrapposte. Risulta infatti molto disagevole dibattere con chi si ha di fianco. Chi è seduto al centro inoltre può esercitare un controllo visivo del campo opposto maggiore, rispetto invece a chi è posto di lato. Questo tipo di disposizione è di solito usata per incontri di carattere sindacale.

L'intensità delle comunicazioni verbali tra individui varia a seconda del posto assegnato loro in una riunione. Si stima che le persone disposte sui lati di un angolo chiacchierino cinque volte di più di quelle disposte frontalmente e due volte di più rispetto a quelle poste fianco a fianco. Dunque **maggiore è la distanza fra un partecipante e l'altro, più facile sarà governare la riunione**, perché la distanza psicologica è direttamente proporzionale alla distanza fisica.

Se i partecipanti sono sei e sono disposti frontalmente, ci sarà un ottimo contatto con tutti i mezzi, dalla parola agli occhi passando per la mimica (es. gestualità, postura del corpo e della testa). Per converso, in questo modo si rischia di creare una contrapposizione fisica e di sentirsi osservati in tutte le proprie espressioni verbali e gestuali.

Se la riunione viene ripresa da un impianto per **videoconferenza**, bisogna ricordarsi che la ripresa ha l'effetto di "dimezzare" l'immagine delle persone, presentandole a mezzo busto. L'attenzione si concentra dunque su viso e mani, che diventano così i principali strumenti di comunicazione non verbale.

Se si tiene una riunione interna, dove i ruoli gerarchici sono importanti, il leader tradizionalmente siederà a capotavola, sul lato più corto di un tavolo rettangolare. In questo modo potrà godere di un rapporto visivo ottimale con tutti, grazie all'obliquità, ed evitare contrapposizioni. Potrà inoltre escludersi dalle discussioni o richiamare su di sé l'attenzione.

Tutti gli altri invece, volgendo il capo a destra o a sinistra, perderanno il contatto visivo diretto con una parte dei partecipanti alla riunione. Se un presidente siede a capotavola e i partecipanti sono sei, tre su un lato e tre su un altro, i posti più disagiati sono quelli più lontani da lui.

Se questa disposizione a sette posti è quella di un consiglio di amministrazione, il presidente dovrà aver cura di far sedere due suoi alleati nelle posizioni centrali di ogni lato lungo del tavolo. In tal modo i principali assi di comunicazione risulteranno a lui favorevoli e gli oppositori troveranno difficoltà a inserirsi in una discussione aperta. Sarà dunque più facile prevalere, anche qualora gli avversari fossero in maggioranza (quattro contro tre).

Se nella riunione a sette uno degli alleati fosse poco reattivo, magari perché ammalato o molto anziano, un modo per mantenere il dominio potrebbe essere quello di aggiungere un altro alleato dal capo opposto del tavolo, un ottavo partecipante, anche senza diritto di voto. Potrebbe essere l'*investor relator* o il responsabile della comunicazione.

Il coordinamento di una riunione è un punto sul quale non si riflette mai abbastanza. Alcuni manager vogliono imporre il proprio dominio sugli altri, altri sono simili al capo dei giovani esploratori, altri ancora vedono il gruppo come un supporto che sopperisca alla propria inefficacia o inattività. L'obiettivo di un team è raggiungere un risultato che non si sarebbe potuto conseguire agendo individualmente.

Ridurre i tempi di inizio è importante. Iniziare anche cinque minuti dopo l'orario prefissato significa dare un segnale per il futuro ai ritardatari. Illustrati gli obiettivi della riunione, si passa ai vari punti dell'agenda. Se si accende un dialogo a due, bisogna tacere e richiamare con lo sguardo l'attenzione degli altri.

Il leader che vuole convincere gli altri delle proprie idee ha tutti i poteri per farlo. Ma un semplice partecipante deve giocare d'astuzia. Bisogna utilizzare una buona **abilità dialettica**: difendere la verità oggettiva non basta. Uno dei sistemi più utilizzati, da quando il filosofo Arthur Shopenhauer lo ha creato, è quello dell'assecondare.

Se qualcuno propone qualcosa di pericoloso e altri non lo fermano, è bene evitare le interruzioni improduttive, soprattutto se in videoconferenza. Il sistema migliore è quello di domandare la parola al coordinatore e cominciare chiedendo varie precisazioni a chi espone l'idea pericolosa. Se indulge in generalizzazioni, dopo averlo trascinato lontano dagli argomenti iniziali e aver preso nota delle sue contraddizioni, si può liquidare il suo ragionamento con una battuta: «Il ragionamento è molto interessante, ma poco utile a risolvere i problemi all'ordine del giorno».

Sono rari i casi in cui conviene dare apertamente torto a un avversario, minando le fondamenta del suo ragionamento. Ma le soluzioni estreme qualche volta risolvono. Più si riesce a farlo con la massima calma, più l'altro si infuria e perde il controllo della situazione, innescando una polemica alla quale bisogna rapidamente sottrarsi. Come? Ammettendo ironicamente la propria incompetenza in materia e la difficoltà a comprendere il proprio antagonista. Quando il suo gruppo interverrà a calmarlo, le sue ragioni saranno ormai decadute.

Quindici minuti prima dello scadere del tempo prefissato, il coordinatore deve annunciare la conclusione della riunione, anche interrompendo un dibattito in corso (che sarà aggiornato a riunioni successive). A questo punto occorre **fare una sintesi** degli obiettivi e riprendere le tesi sostenute da ciascuno o le idee di ciascuno votate da tutti. In tal modo, qualunque siano le decisioni prese, tutti si sentiranno gratificati.

SEGRETO n. 14: nelle riunioni di gruppo è ben fare una sintesi degli obiettivi prefissati e riprendere le tesi sostenute da ciascuno, in modo che tutti si sentano gratificati.

Se la riunione ha un carattere operativo, bisogna assegnare i compiti di ciascuno. A questo scopo è utile che il responsabile della comunicazione possa assistervi prendendo appunti, per poi mandare ai partecipanti una breve nota riassuntiva.

RIEPILOGO DEL CAPITOLO 2:

- SEGRETO n. 8: è importante delegare all'incaricato prescelto la comunicazione interno-esterno e quella interna e individuare un referente di grado elevato che possa raccogliere informazioni dai reparti.
- SEGRETO n. 9: bisogna essere sempre preparati a rispondere ai media perché le notizie che riguardano l'azienda potrebbero essere on line nel giro di pochi minuti.
- SEGRETO n. 10: è meglio prendere un consulente occasionale (anche low cost), piuttosto che ritrovarsi a non sviluppare la comunicazione aziendale per mancanza di tempo o energie.
- SEGRETO n. 11: fai progettare o riprogettare un'immagine aziendale coordinata. Investi in cd con loghi e *lettering* nei vari formati, crea un raccoglitore dedicato al kit aziendale con campioni di biglietti da visita, carta intestata, busta, targa, striscione ecc. Il tuo business ne guadagnerà immediatamente.
- SEGRETO n. 12: il colloquio a due è un sistema in cui un partecipante ricerca, accetta o rifiuta gli sforzi messi in atto dall'altro per influenzarlo.
- SEGRETO n. 13: prima di affrontare un colloquio professionale rifletti sul tuo ruolo. Sei l'esperto o

l'ascoltatore? In entrambi i casi adopera tutte le conoscenze che possiedi per arrivare al tuo obiettivo.

- SEGRETO n. 14: nelle riunioni di gruppo è ben fare una sintesi degli obiettivi prefissati e riprendere le tesi sostenute da ciascuno, in modo che tutti si sentano gratificati.

CAPITOLO 3:
Come avviare un reparto comunicazione

Sono ancora molte le imprese impreparate a gestire la comunicazione. Alcune scoprono la propria debolezza in modo addirittura traumatico: il ricorso all'ufficio stampa, interno o esterno, arriva come provvedimento d'urgenza per far fronte a un evento negativo o un momento congiunturale sfavorevole, per gestire la stampa accorsa dopo un incidente sul lavoro nel proprio stabilimento o indirizzare la comunicazione durante l'inchiesta scomoda di un magistrato, per arginare l'aggressività di sindacati o concorrenti, per affrontare la crisi sopraggiunta in azienda dopo un'alleanza sbagliata.

La "cura" in alcuni casi non fa altro che peggiorare la "malattia": i rapporti con i giornali, le televisioni, le radio locali e i siti vengono avviati in modo improvvisato o affidandosi a giornalisti pubblicisti, semplici collaboratori di testate che non hanno mai lavorato un giorno in una redazione.

Per occuparsi di un'attività afferente alla comunicazione (ad esempio l'ufficio stampa) non basta improvvisarsi comunicatori. Ci vuole un'esperienza pregressa in una società di pubbliche relazioni, con clienti possibilmente diversificati e non appartenenti a un settore troppo specializzato. Ma si può anche arrivare da una redazione.

SEGRETO n. 15: l'ufficio stampa non può essere un "paracadute" cui affidarsi nei momenti di crisi, ma deve essere una realtà imprescindibile per ogni tipo di azienda.

L'ufficio stampa richiede un lavoro di coordinamento e il possesso di una serie di rapporti all'interno dei media, in particolare con i quadri intermedi. Rapporti possibilmente già avviati e collaudati. La creazione dal nulla e in tutta fretta dei canali di comunicazione non porta un'impresa a cogliere i risultati che si attende. Perché non si ha il tempo di stabilire quando si deve parlare, quale manager dei vertici deve rilasciare dichiarazioni e che impatto può comportare un'apertura improvvisa e ridondante dell'impresa nei confronti dei media.

Comunicare è innanzitutto un atto di volontà. Un imprenditore (specie il fondatore) deve convincersi di non essere in possesso di tutte le conoscenze in materia di pubbliche relazioni, nonostante i successi colti a livello di vendite o innovazione. E deve accettare di delegare a qualcun altro la gestione di rapporti così delicati come quelli con i giornali e le televisioni, nazionali e locali.

Ma non basta. Nelle medie imprese "vecchio stile" l'arrivo dell'ufficio stampa viene visto con sospetto dal corpo aziendale (dirigenti e impiegati), che si considera minacciato nel suo status di stretto collaboratore del vertice o del fondatore. Spesso i colleghi tentano di arginare (o addirittura ostacolare) il comunicatore. Alcuni lo ridefiniscono "portavoce", come se, invece che una risorsa, fosse un "intruso", qualcuno che abbia l'incarico di fungere da megafono per uno solo e non per tutti.

Quando l'ufficio comunicazione debutta in azienda in questo modo, la sua sopravvivenza e la sua stessa esistenza sono a rischio. Dunque se il primo giorno non si convoca un'assemblea per **presentare il nuovo arrivato** a tutti e chiarire che egli, anche se non lavora a tempo pieno, fa parte integrante dell'azienda e dà voce a tutti, prima o poi inizieranno le difficoltà. Qualcuno dei funzionari si "dimenticherà" di informarlo che sono state ordinate le solite brochure alla tipografia e nessuno ha pensato di fargli vedere in anticipo i testi. Un responsabile commerciale si "scorderà" di avvertirlo di aver parlato con un giornalista in fiera.

Se telefona un giornale specializzato, la centralinista non passerà la chiamata al comunicatore, ma alla segretaria del direttore generale. E il direttore generale, invitato a parlare a un convegno, si dimenticherà di far leggere il suo discorso al comunicatore, che pure egli stesso ha ingaggiato, né si farà accompagnare da lui per gestire il contatto coi media.

SEGRETO n. 16: l'addetto ufficio stampa è parte integrante dell'azienda, non un "intruso che funge da megafono" al fondatore o a qualcuno dei top manager.

Se la scelta di dotarsi di un ufficio comunicazione non avviene in modo ponderato, l'azienda affronterà una spesa inutile e i risultati conseguiti si riveleranno fallimentari. Gli obiettivi che ci si pone saranno invece brillantemente raggiunti, se si prenderà atto delle

12 regole fondamentali che stanno alla base di ogni ufficio comunicazione:

1. **Il termine ufficio stampa è vecchio**. Innanzitutto perché i media sono stampa, radio, televisioni e siti, dunque la carta non è più sola da un pezzo. Al mattino non si prepara solo la rassegna stampa, ma anche quelle audio, video e internet.
2. **Prima di comunicare bisogna esistere**. Comunicare l'esistenza di un'azienda all'interno di un mercato, di un settore o di una comunità è la prima cosa da fare, la prima notizia da diffondere e la più interessante dal punto di vista sociale, economico e culturale. Poi arriverà il resto.
3. **Non si potrà mai avere un controllo diretto sull'informazione che esce dal proprio ufficio comunicazione**. Non ci riescono i capi di stato, i big della finanza e neanche le *majors* del cinema, dunque conviene rassegnarsi.
4. **Il comunicatore non è una garanzia di pubblicità**, non è una certezza di visibilità, non è l'elisir che cura e non è nemmeno un parafulmine.
5. **Il silenzio o le notizie false producono danni**, sicuramente producono più danni di una serena spiegazione, anche quando

dire la verità costa caro. Parlare, per quanto si può, alla lunga conviene sempre.

6. **Un ufficio comunicazione ha bisogno di un po' di tempo per dispiegare a pieno la sua azione**. Solo così si potranno misurare dei risultati significativi. I vertici aziendali non possono pretendere articoli e interviste dopo una settimana. Si potranno attuare azioni flash, ma non di più. Per portare a regime un reparto occorre un anno. In qualche settore (ad esempio le assicurazioni) ne occorrono addirittura due.
7. **Non si può comprare la categoria dei giornalisti** affidandosi a un pr, a un giornalista o a un ex giornalista. È una pura illusione. Intanto perché i giornalisti possono concedere favori occasionali (se li concedono) e appena sentono odore di strumentalizzazione si indignano. E poi perché devono obbedire alla linea indicata dai loro direttori. Inoltre i giornalisti cambiano molto spesso posto di lavoro e dunque l'ufficio stampa può dover ricostruire da un giorno all'altro rapporti di conoscenza e stima. E ci vuole tempo per instaurare rapporti condizionati a proprio favore.
8. **Favori e regali non devono essere un obbligo**. Ci sono vari addetti alla comunicazione che non hanno alcun tipo di budget

da amministrare per pranzi e omaggi, pur tuttavia ottengono una buona visibilità per i loro clienti. L'epoca dei regali di alto valore economico, così come l'abitudine di offrire viaggi ai giornalisti in eleganti capitali o in località amene di vacanza, è qualcosa che appartiene al passato. Anche la concessione in "uso temporaneo di beni e servizi" (leggi autovetture, televisori costosi, tessere di circoli sportivi ecc.) a lunga, lunghissima scadenza è molto diminuita. La strategia dell'omaggio negli ultimi anni si è ridimensionata, anche se non sono venuti meno i suoi presupposti: supplire alla carenza di informazioni e numeri che la dirigenza o la proprietà non vogliono diffondere ai media a nessun costo.

9. **Il vento non soffia sempre in una sola direzione e prima o poi cambierà**. L'idea che certi giornali o televisioni continueranno per sempre a non scrivere e non dire quel che sanno e a lodare quel che disprezzano è una pia illusione anche questa. Se una testata decide di pubblicare un'inchiesta, infischiandosene di perdere l'investimento pubblicitario da parte di un'azienda o compromettere i buoni rapporti in corso, allora vuol dire che ha un buon motivo per farlo. Magari vuole ingraziarsi un investitore pubblicitario che spende di più.

10. **L'ufficio comunicazione e le relazioni con i media non servono solo per innalzare il profilo di un leader**. Chi avvia un ufficio comunicazione per investire nella sua immagine personale – magari per ambire a cariche associative, pubbliche o politiche – deve preoccuparsi di come ciò possa o non possa giovare anche alla sua azienda. Se gli obiettivi di visibilità cozzano con la situazione aziendale (problematica o negativa) il progetto non si concretizzerà.
11. **L'ufficio comunicazione non serve solo per comunicare quel che piace al leader**. L'azienda è come un organismo vivente: viene percepito dagli altri anche se non si impegna per farlo. Dunque un ufficio comunicazione serve quando si vuol essere percepiti nel modo giusto: quando si vogliono dare informazioni sulle proprie attività, sulle azioni intraprese dal proprio management, sul proprio andamento economico, sulle proprie alleanze industriali, sul conseguimento di traguardi e obiettivi ritenuti rilevanti. Poi ci sono le informazioni sui prodotti, sul posizionamento dei propri brand, sullo sviluppo di servizi per i consumatori. Il comunicatore, comunque, serve anche quando non si vuol comunicare: per arginare gli attacchi dei media che faranno di tutto per procurarsi le informazioni e

per formare il personale interno al silenzio. Meglio non illudersi che i giornalisti non aspettino altro che occuparsi della propria azienda e che qualunque informazione la riguardi sia interessante. Purtroppo è un'idea piuttosto diffusa nelle grandi imprese, anche per colpa delle testate, che hanno visto scendere le entrate pubblicitarie e dipendono più dagli inserzionisti che dalle copie vendute.

12. **Nella maggior parte dei casi è l'impresa che ha necessità di far parlare di sé**. Il ruolo della mediazione tocca all'ufficio comunicazione, dal momento che non tutto ciò che è vitale per un grande gruppo industriale è importante anche per una testata letta da un pubblico allargato. Capita però che un imprenditore "faccia notizia" per fatti extra-aziendali (si pensi al matrimonio di Marco Tronchetti Provera con la top model Afef), riuscendo a diventare un simbolo di successo, oppure si guadagni la benevolenza del grande pubblico (ad esempio Giovanni Rana) senza aver messo mai piede a Piazza Affari. È chiaro che non sono soltanto gli investimenti pubblicitari che costruiscono una buona immagine dell'impresa o della marca. Molto dipende infatti anche dal tipo di attività che si svolge e da quanto essa sia in grado di appassionare il pubblico: i

telefoni cellulari emanano più fascino delle vernici, i profumi piacciono più dei bulloni.

SEGRETO n. 17: per veicolare nel giusto modo le notizie all'interno e all'esterno di un'azienda, bisogna seguire le 12 regole fondamentali di ogni ufficio comunicazione.

Il ruolo dell'ufficio comunicazione non è solo quello di organizzare le informazioni per i media, ma anche quello di tener conto dei posizionamenti e interpretare i segnali che arrivano dai media. Interviene non solo nei momenti in cui si creano conflitti di interesse, ma anche per favorire il raggiungimento di una visibilità e di un prestigio consolidati. Il progetto è lo stesso per le imprese che producono beni e servizi, così come per gli enti o le associazioni culturali e le onlus (escluso il profitto).

Focus sulla notizia

Anche il concetto di notizia negli ultimi anni è un po' cambiato. La carica di novità e la sua singolarità, caratteristiche chiave che hanno sempre permesso di distinguere una notizia dai semplici fatti, non bastano più per soddisfare i pubblici tanto differenziati di oggi. L'uomo che morde un cane (e non il contrario) non è più tanto sicuro di finire automaticamente in prima pagina, con tanto di foto e titolone.

Perché un fatto diventi una notizia pubblicata con ampio risalto sulla stampa, letta alla radio o ripresa da qualche televisione, occorre anche che: esso assuma importanza per la vita degli altri e susciti un forte interesse; da esso scaturiscano conseguenze per la vita quotidiana di ciascuno (ad esempio una norma di legge); ispiri solidarietà, commozione, senso di vicinanza fisica o psicologica; sia in grado di far leva sulle emozioni e di creare un senso di attesa; sia suscettibile di sviluppo a breve scadenza; sia diffuso in esclusiva.

Queste caratteristiche non soddisfano la totalità dei lettori, proprio perché, come si diceva, non esistono più un solo tipo di pubblico né un solo tipo di lettori, navigatori, ascoltatori o telespettatori, ma tanti pubblici e tanti tipi di utenti diversi. Vari investitori di Piazza Affari, ad esempio, avranno certamente seguito l'escalation della love story Marco Tronchetti Provera-Afef, ma non certo leggendola nella sezione finanza di siti e giornali.

Il pubblico segue anche le "notizie senza fatti", ovvero quelle che partono da una valutazione espressa da un notissimo personaggio, sulla quale si lavora a fondo, innestando possibilmente una polemica (con qualcuno di altrettanto noto) che tenga banco per giorni.

Poi ci sono le "notizie esemplari": quando il titolo di un gigante dell'auto zoppica a Wall Street, ad esempio, è facile che la crisi possa lambire anche uno dei suoi concorrenti, se il mercato attraversa una congiuntura sfavorevole. Capita dunque di ritrovarsi chiamati in causa sui giornali, anche se il titolo principale della pagina riguarda un'altra società. La crisi fa più notizia di altre cose, nessuno resta indenne da commenti.

I media però non sempre usano lo stesso metro quando si parla di crolli borsistici o scandali fiscali che riguardano piccolissime società quotate. In questi casi si misura la capacità dell'ufficio comunicazione di compiere lo stesso tragitto intellettuale di un cronista, sforzandosi di capire con una telefonata su cosa il giornale sta costruendo le proprie pagine. La credibilità di un'inchiesta si gioca anche sull'individuazione delle ragioni che hanno portato un quotidiano – o un periodico, un magazine televisivo, un sito informativo ecc. – a lavorare in una certa direzione.

SEGRETO n. 18: le notizie da veicolare all'interno di un'azienda vanno trattate allo stesso modo in cui un giornalista tratterebbe le sue inchieste, attribuendogli più o meno valore.

RIEPILOGO DEL CAPITOLO 3:

- SEGRETO n. 15: l'ufficio stampa non può essere un "paracadute" cui affidarsi nei momenti di crisi, ma deve essere una realtà imprescindibile per ogni tipo di azienda.
- SEGRETO n. 16: l'addetto ufficio stampa è parte integrante dell'azienda, non un "intruso che funge da megafono" al fondatore o a qualcuno dei top manager.
- SEGRETO n. 17: per veicolare nel giusto modo le notizie all'interno e all'esterno di un'azienda, bisogna seguire le 12 regole fondamentali di ogni ufficio comunicazione.
- SEGRETO n. 18: le notizie da veicolare all'interno di un'azienda vanno trattate allo stesso modo in cui un giornalista tratterebbe le sue inchieste, attribuendogli più o meno valore.

CAPITOLO 4:
Come gestire l'ufficio comunicazione, il marketing e la comunicazione emozionale

Abbiamo già spiegato che in molti casi l'ufficio comunicazione interno è una struttura molto piccola, affidata a una sola persona che non vi si dedica a tempo pieno. Così avviene nelle imprese di medie dimensioni a conduzione familiare, nelle associazioni, nei piccoli enti e Comuni. Tuttavia è possibile affidare questa funzione anche a un consulente esterno o a una società specializzata in pubbliche relazioni.

In entrambi i casi la mansione non cambia: si tratta della gestione dei rapporti con i media, cui talvolta si aggiunge l'organizzazione di eventi fieristici, culturali o sociali. Non sempre sono incluse le relazioni interne o i rapporti con le istituzioni.

Il ricorso a una società esterna è spesso il primo passo per un'impresa che voglia elaborare una strategia di comunicazione in breve tempo, senza correre il rischio di compiere passi falsi. Non tutti infatti decidono di dotarsi da subito di un ufficio stampa interno, principalmente per una questione di costi. In ogni caso deve essere sempre ben chiarito cosa può e non può essere comunicato all'esterno, quali sono le aree di valorizzazione e qual è la strategia di comunicazione che si intende seguire.

Ciascuna di queste scelte comporta vantaggi e svantaggi. Optare per una società di consulenza esterna è una decisione vincente per chi ha poche necessità di comunicare con i media nell'arco di un anno. Potrebbe essere il caso di una piccola impresa, che ha bisogno di supporto solo durante le fiere di categoria o in occasione di manifestazioni specializzate. Oppure solo in coincidenza con un evento sportivo o culturale di cui è sponsor (ad esempio una gara podistica cittadina, un palio o un torneo di tennis).

Una società esterna è un alleato vincente anche quando si ha poco tempo per organizzare un evento o mettere a punto una strategia di comunicazione. Per esempio quando si è stati appena nominati amministratori delegati di un'azienda che non ha una struttura di comunicazione idonea ad attivarsi per dare risultati immediati. O quando si decide all'ultimo momento la partecipazione a una fiera, che prevede l'allestimento dello stand e la creazione di nuove brochure.

In casi come questi, una società esterna ha la possibilità di mobilitare molti addetti su un singolo progetto, poiché si avvale di collaboratori occasionali o saltuari, che sono però altamente specializzati. In due giorni si può organizzare tutto. Ovviamente l'urgenza si paga.

Le società di consulenza esterne possono operare a vantaggio dei loro clienti utilizzando un **portafoglio di contatti personali già avviato**, che difficilmente un'azienda potrebbe procurarsi nel breve termine (a meno di non assumere un dipendente che arriva da una società di consulenza, cosa che talvolta avviene).

Le società di consulenza più grandi sono inoltre filiali o partner di gruppi internazionali e sono referenti di grandi network americani o inglesi, cosa che può tornare utile quando si vuol esportare o delocalizzare la produzione. Non è infrequente infatti che un'azienda cambi il proprio consulente di comunicazione quando il suo raggio di azione si amplia all'estero.

Infine può essere proficuo utilizzare una società esterna quando si arriva al vertice di un'azienda in cui l'ufficio comunicazione interno, sebbene presente, appaia troppo appiattito sulle posizioni del proprio predecessore e sia restio all'innovazione perché condizionato dalla routine o da vecchie abitudini. In questo caso, se proprio non si può sostituirlo del tutto, perché magari si tratta di un familiare del leader, si può almeno destinare qualche risorsa per procurarsi il supporto di un professionista completo e dinamico.

Quando un'impresa, nel corso degli anni, ha ormai acquisito un'esperienza e una dimestichezza nei rapporti con le società di relazioni pubbliche, può anche decidere che sia arrivato il momento di dotarsi di un proprio ufficio comunicazione. Non è infrequente infatti che il committente prima o poi si accorga che i suoi interlocutori gli propongono piani di comunicazione standard o preconfezionati, simili ai pacchetti vacanze di certi tour operator: tutti uguali e privi di novità.

Quando ci si rende conto che la struttura non è più disposta a condividere notizie riservate con persone che non vivono l'azienda e non conoscono i suoi problemi organizzativi, economici e sindacali, può essere utile passare alla "soluzione interna", ovvero l'assunzione di addetti che magari possano lavorare anche in affiancamento con una società esterna in occasioni speciali.

Questa scelta è auspicabile anche quando ci si accorge che la società di consulenza esterna con la quale si collabora si è sviluppata con successo, magari grazie all'ingresso in portafoglio di qualche grande cliente. In questo caso, capita spesso che la piccola impresa venga un po' messa da parte e cominci a vedere sempre meno il titolare dell'agenzia (che è costretto a dividersi tra tutti i clienti o viene fagocitato da quello più grande) e sempre più dei semplici collaboratori. Il piccolo cliente diventa sempre più marginale, soprattutto se il contratto sottoscritto è annuale e non poliennale.

Qualche volta accade anche di essere "scaricati" dall'agenzia. Se infatti non si indica chiaramente qual è la situazione e si nascondono informazioni importanti (come attriti nella proprietà, piccoli incidenti sul lavoro che potrebbero essere riferiti ai giornali locali, ispezioni di enti di vigilanza ecc.), è impossibile per un consulente svolgere un lavoro efficace.

Se quest'ultimo pensa che il management stia insabbiando delle notizie, sarà il primo ad abbandonare la nave, per paura di giocarsi rapporti con i media costruiti negli anni. Naturalmente le agenzie abbandonano i clienti anche perché, molto più banalmente, non pagano o pagano in ritardo.

In ogni caso, se sono venute meno le reciproche aspettative e gli obiettivi tracciati non sono più realistici, meglio affrontare un buon divorzio e lavorare per una soluzione "flash". Che potrebbe essere quella di accaparrarsi qualcuno interno a una società di pr, offrendogli un ufficio, un buon stipendio, un assistente e la carica di "direttore della comunicazione". Ma attenzione a chi si sceglie. Alcuni dipendenti di multinazionali infatti devono sottoscrivere clausole sulla concorrenza sleale e qualcuno può essere iscritto ad associazioni che prevedono il rispetto di un codice deontologico quando si cambia insegna o casacca.

SEGRETO n. 19: bisogna rapportarsi con il comunicatore esterno avendo coscienza del proprio "peso", chiedendo giornalmente o settimanalmente conto delle attività in corso.

Ricordiamo che le funzioni principali del comunicatore sono otto e devono essere specificate nel contratto stipulato tra impresa e consulente o tra impresa e dipendente, per evitare eventuali equivoci futuri:

1) **Selezionare il flusso della comunicazione verso l'esterno** per quanto riguarda prodotti, servizi e avvicendamenti al vertice. Il responsabile della comunicazione deve dunque saper stimolare chi dimentica di informarlo per timidezza o per pigrizia e saper frenare chi tende a volersi mettere in luce in ogni momento, anche quando i prodotti o i servizi non sono rinnovati o quando gli eventi comunicabili sono più di rilievo interno che esterno.
2) **Individuare i tempi giusti per la comunicazione**. Lo spazio che i giornali o le radio riservano a una notizia non sempre è legato alla sua importanza, talvolta molto dipende dalla tempestività con la quale le si diffonde. Le operazioni complesse si annunciano al mattino; nel pomeriggio

"esternano" soltanto le big di rilievo nazionale o internazionale (ad esempio società quotate come Luxottica, che devono aspettare l'apertura di New York). Se si sbagliano i tempi, si rischia di venir liquidati in poche righe.

3) **Selezionare il flusso di informazioni provenienti dall'azienda** e tradurle in notizie specializzate per i vari mezzi. Da anni ormai non si prepara più un solo comunicato stampa, ma per ogni informazione si stende un ventaglio di comunicati stampa specializzati. Questo permette di valorizzare le diverse sfaccettature dell'informazione, collocandola di volta in volta nel contesto più appropriato: economico, sociale, culturale ecc. Dati, numeri, dettagli ed eventuali dichiarazioni del management dovranno essere dunque confezionate su misura sia per il mezzo (sia esso radio, tv, stampa o internet) sia per la singola testata.
4) **Creare notizie che possano risultare utili** per sviluppare i temi che i media stanno trattando, stimolando l'investimento in ricerche e sondaggi che possano accompagnare articoli "ricorrenti" (ad esempio, dove passano il Ferragosto gli italiani). Sono sempre ben accolte anche le notizie sulla creazione di posti di lavoro.

5) **Saper individuare le nuove tendenze** che potranno influenzare la stampa generalista o specializzata. Ci sono addetti alla comunicazione che dicono di non aver tempo di leggere. Si tratta di un errore molto grave: non sapere cosa vada di moda in un certo periodo significa spesso non essere in grado di capire cosa può interessare i giornali e cosa proporre per la traccia di un'intervista. Ma informarsi non basta. Bisogna essere capaci di "fronteggiare" i giornalisti e gli opinion leader anticonformisti e anche riconoscere il valore positivo delle scelte culturali "contro" qualcuno, se ciò può portare un qualche tipo di vantaggio all'azienda (vedi ad esempio la collaborazione tra Benetton e il fotografo Oliviero Toscani).
6) **Saper interpretare le strategie di comunicazione dei concorrenti** e inviare le proprie opinioni alle divisioni che possano di volta in volta trarre vantaggio da tali osservazioni. In tal modo l'ufficio comunicazione può diventare davvero un punto di riferimento per tutta l'organizzazione.
7) **Essere costantemente aggiornato sui cambiamenti** che avvengono nel settore dei media: nuovi assetti di proprietà, nuovi organigrammi, cambio di direttori, relazioni di amicizia

o di parentela che possono creare influenze positive o negative per l'azienda, ad esempio eventuali rivalità tra eredi.

8) **Trovare collaboratori esterni** e interlocutori che permettano di conoscere l'opinione che i giornalisti hanno dell'azienda.

A chi risponde l'ufficio comunicazione

Una fonte di attrito molto frequente tra aziende e società di comunicazione riguarda un aspetto quanto mai delicato: gli **interlocutori** con i quali ci si deve relazionare. Ma anche l'ufficio stampa interno incontra le sue difficoltà a questo proposito.

Quando si utilizza una società esterna, bisogna stabilire sin dal contratto chi saranno i referenti fissi del consulente, per evitare che gli account si mettano in contatto con qualcuno a caso per poter soddisfare le richieste urgenti da parte di qualche giornalista.

Non è superfluo ribadire che l'interlocutore incaricato deve essere sempre e comunque disponibile, mentre invece, dopo i primi tempi, capita spesso di trovarlo "fuori stanza" o di rilevare che non risponde alle email. L'incarico di referente interno dell'addetto alla comunicazione deve essere ricompreso nelle sue mansioni abituali: non deve essere vissuto come un peso, un fardello da assolvere insieme a tutto il resto e, anche se comporta un impegno serio e concreto, non può essere considerato una specie di favore.

Per le questioni più delicate e complesse, si può individuare un altro interlocutore alternativo o, meglio ancora, qualcuno reperibile ai vertici: il direttore generale, per esempio, che conosce ogni dettaglio della strategia aziendale. Deve essere chiaro che si possa disturbarlo nel week end o farlo cercare dalla segretaria, quando necessario.

Per altre questioni, per esempio la promozione di prodotti o servizi, si può decidere che questo incarico venga svolto dal marketing o dalla divisione prodotto. Purché il flusso della comunicazione non si fermi e non rallenti.

Se esiste una funzione relazioni esterne, di solito l'ufficio comunicazione fa riferimento a essa, che a sua volta dipende dalla direzione del personale o dalla direzione generale. In alternativa la comunicazione può rispondere alla presidenza, all'amministratore delegato, al direttore generale o al direttore marketing. Dipende dalla dimensione dell'azienda e anche dalla sua appartenenza a un settore piuttosto che a un altro.

Valutare il lavoro della comunicazione

La valutazione dei risultati di una società di pubbliche relazioni è un argomento "minato". Nel senso che tutti vorrebbero farla, ma pochi la fanno davvero, perché il solo controllo richiederebbe ingenti investimenti e uno studio complesso da effettuare.

Anche se si moltiplicano i software e i sistemi di lettura automatizzata, non ci sono metodi standard né norme precise a cui appellarsi. Ogni azienda si affida dunque a sistemi più o meno empirici per contare il numero delle citazioni dedicate alle sue attività e valutarne l'importanza in base alla collocazione su uno specifico mezzo di comunicazione.

I criteri di valutazione applicati sono però opinabili: come si fa, ad esempio, a sapere con certezza se sia più efficace per un'azienda – poniamo la Technogym, di cui abbiamo già parlato –

un breve articolo su un grande quotidiano nazionale come il *Corriere della Sera* oppure un bel servizio a colori apparso sul settimanale *Hola*, che ritrae il leader in famiglia, nel suo lussuoso palazzo da poco ristrutturato a Cesena.

Un primo livello di verifica consiste nella **misurazione quotidiana delle uscite**: si digita su Google il nome dell'azienda + la data. La società di consulenza in comunicazione deve realizzare ogni giorno il pdf con la rassegna da stampa, audio, video e web, in modo che prima delle 8:30 sia pronta sul tavolo dei top manager e inviata sul pc o l'ipad del leader.

Chi utilizza i vecchi sistemi conta il numero degli articoli, delle citazioni e dei frame, stampa il pdf e misura in centimetri lo spazio occupato sui giornali, assegnando anche un punteggio diverso a seconda che l'articolo si trovi in alto e abbia grande rilievo, in posizione mediana, in basso oppure in una colonna di notizie flash, che sia corredato da foto e, se sì, quanto grande.

Chi crede nella "vecchia scuola", a fine mese, confronta i centimetri e le righe di parole pubblicati sull'azienda con i centimetri di pubblicità che si sono pagati su quella testata e calcola se si abbia risparmiato o viceversa perso denaro.

La vecchia scuola valuta quattro elementi: l'**ampiezza** del pubblico (quante persone, quante testate); le **reazioni** del pubblico (noia, interesse); gli **effetti comunicativi** (risultati a breve termine o duraturi); il **grado di influenza** (meccanismi di persuasione). Vengono effettuate anche indagini sul **livello di interesse** dei lettori, tramite sondaggi d'opinione, questionari e interviste telefoniche.

Chi utilizza i nuovi sistemi, invece, si serve di **software** che cercano le parole rilevanti e positive nei confronti dell'azienda all'interno di articoli di stampa, blog e siti. La "nuova scuola", oltre a misurare col centimetro o col questionario, si domanda cosa è stato fatto e perché, se si è usata una relazione vecchia o nuova, se sono state adoperate parole positive e quante all'interno dell'articolo, se a seguito di un certo evento sono nati gruppi a favore su Facebook, se è proprio vero che un prodotto di fascia alta, proposto di fianco a due di fascia bassa, ne sia uscito svilito.

Questo momento della verifica nella relazione tra azienda e responsabile della comunicazione o azienda e professionista è sempre un po' teso. I clienti difficilmente si proclamano pienamente soddisfatti, temono di doversi accontentare di impressioni soggettive e di sondaggi d'opinione condotti fra esperti. Dati campione rispetto a una massa di utenti che non sempre è così attenta o così culturalmente "trasversale". Dunque tendono a difendere i vecchi sistemi di controllo o quelli più "meccanici".

Dall'altra parte può capitare che il consulente si sia dato obiettivi troppo ambiziosi, difficili da mantenere, pur di prendere un contratto. Negli ultimi anni però è difficile vedere società di professionisti che promettono più di quanto non possano mantenere. Capita invece ancora di avere a che fare con aziende che pagano puntualmente, ma non rispettano i patti o non rispondono in tempo alle richieste d'informazione avanzate dai consulenti.

SEGRETO n. 20: se vuoi visibilità, assolvi puntualmente le richieste informative dei comunicatori.

Le "armi segrete" dell'ufficio comunicazione

Nessun buon ufficio comunicazione può funzionare senza un'attrezzatura che si rispetti. A parte l'attrezzatura hardware (un pc fisso e un portatile, una stampante, uno scanner, un televisore, un lettore-masterizzatore dvd, un ipad) e software (pacchetti Microsoft Office e Adobe per lavorare sui testi e sulle immagini), occorre costruire un archivio completo e aggiornato dei dati della società.

Tale archivio dovrebbe contenere, al minimo:

- tutti i bilanci recenti della società e delle sue controllate, affiliate e controllanti (cartacei e in formato elettronico pdf);
- tutti i comunicati e le cartelle stampa esistenti riferiti a eventi precedenti;
- tutti gli opuscoli, le brochure, le presentazioni e le fotografie dei prodotti offerti sul mercato (è utile conservare anche il materiale vecchio in formato cartaceo, magari scannerizzandolo, in modo da poterlo utilizzare per mostre, documentari industriali, monografie ecc.);
- i profili e i ritratti dei manager più importanti della società, insieme ai loro numeri di telefono cellulare, per qualsiasi

emergenza (i ritratti devono essere disponibile in alta e bassa definizione, a mezzo busto, primo piano e figura intera);

- servizi fotografici aggiornati sull'interno e l'esterno dell'azienda, immagini con gli addetti impegnati nelle lavorazioni più innovative (con liberatoria sulla privacy, se ripresi in primo piano);
- la documentazione economica che riguarda il settore di attività dell'azienda (analisi di mercato, parametri di competitività, riviste di settore);
- la rassegna stampa pregressa (sia in formato in cartaceo che scannerizzata e trasformata in pdf);
- la rassegna audio e video pregressa;
- un database aggiornato degli interlocutori istituzionali con i quali l'azienda si relaziona abitualmente sul territorio.

Fino a qualche anno fa la rassegna stampa era un termometro molto fedele di quello che pensava il pubblico. Oggi non è più così. La stampa svolge ancora una funzione molto importante, ma i lettori dei quotidiani calano ogni giorno: per l'informazione di base si utilizzano sempre di più i siti, la radio, le news gratuite sul telefono mobile. Anch'io mi domando che bisogno ci sia di leggere su carta quando in tv si utilizzano tavoli di lettura con pagine elettroniche.

Le notizie ormai arrivano gratuitamente in modalità "push" (senza bisogno di sollecitarle) sul telefonino e ogni giorno aumentano gli utenti che navigano sui siti internet delle web tv o su *Youtube*, per vedere la cronaca in diretta e poi scambiarsi idee su *Facebook*.

Molti quotidiani pubblicano nella posta del direttore le lettere arrivate via email o tramite i social network. Grazie ai nuovi *smartphone* sale anche l'ascolto delle radio private, con preferenza per quelle che hanno anche una propria web tv o una versione live radio su una frequenza Sky.

Dunque, mentre i sociologi si interrogano, l'opinione del pubblico si forma già attraverso mezzi sempre più trasversali. Incluso *Facebook* che, aggregando persone che condividono un lavoro, un territorio o un'opinione politica, permette di collegarsi a gruppi di utenti quanto mai diversi e specializzati su un settore, un tema sociale e un passatempo.

La vera abilità dell'addetto alla rassegna stampa oggi non sta più solo nella quantità di notizie che egli propone al suo cliente, ma anche nella sua capacità di **selezionarle**, archiviando in pdf il meglio di tutto quanto esce ogni giorno sull' azienda o sul conto del suo leader. E di farlo rapidamente, perché le informazioni possano essere condivise dalla community aziendale al momento giusto.

SEGRETO n. 21: oggi il primo compito dell'addetto all'ufficio stampa non è tanto quello di ottenere più notizie, ma di ottenere quelle più efficaci e mirate.

In alcuni grandi gruppi la rassegna stampa esce due volte al giorno. In altri si ha un flusso continuo delle notizie d'interesse, che vengono rilanciate via Blackberry, Iphone e Ipad. In altre società più piccole invece la rassegna stampa è settimanale, ma include anche i media online e i blog più importanti. Nei grandi gruppi multinazionali si creano anche **rassegne specializzate per nome dell'autore**, che raccolgono le personali opinioni di un giornalista magari poco "tenero" con l'azienda.

Alcuni redattori della carta stampata hanno avviato anche dei blog (personali o ospitati sul sito del giornale), per poter scrivere più di quanto consentito dalla foliazione della propria testata, per avere un feedback dai propri lettori e per non perderli, se sono acquirenti discontinui del giornale cartaceo.

Uno dei segreti più gelosamente custoditi negli uffici comunicazione e negli uffici stampa è la mailing list dei contatti, composta da email e cellulari di giornalisti e opinion leader, a seconda delle varie necessità di comunicazione. Un gruppo quotato avrà mailing list dedicate, contenenti non solo i contatti di giornalisti finanziari, ma anche quelli di testate femminili, quelli specializzati sui temi della grande distribuzione, i giornalisti di cronaca e i blogger indipendenti con base nelle città dove si trovano le fabbriche del gruppo. Per poter archiviare i dati di chiunque in una mailing list, va ottenuta una liberatoria dal diretto interessato (legge 675/96).

L'abilità di un buon comunicatore aziendale e anche di un buon consulente di comunicazione non si misura dalla lunghezza dei comunicati stampa, ma dal suo saper assolvere anche altre funzioni. Prima di tutto sapere **cosa conviene e non conviene comunicare e come creare i testi**.

Se il leader assume uno stagista per occupare il ruolo del comunicatore, può ritrovarsi qualcuno magari dotato di buona volontà, ma incline a sopravvalutare l'importanza e l'interesse della comunicazione prodotta. Ciò crea confusione tra ciò che è realmente importante o interessante per lo staff e ciò che è realmente importante e interessante per il pubblico.

Anche i dirigenti che si improvvisano comunicatori fai-da-te risultano spesso privi di quelle esperienze trasversali che portano ad acquisire una visione più distaccata dell'impresa nella quale operano. Uno dei più importanti segreti dell'ufficio comunicazione è dunque quello di dotarsi di un "terzo occhio" che permetta di vedere la società da un punto di vista esterno.

I giornalisti sono portati più di altri a sviluppare questo punto di vista, che è l'essenza della loro professione. Un giornalista che assume un incarico di comunicatore aziendale si domanda innanzitutto perché la gente, e dunque i giornali, le tv, le radio e i nuovi media, dovrebbero occuparsi di quello che accade nell'azienda, dei suoi risultati e dei suoi manager. Chi non si pone questo genere di interrogativi è destinato a forti delusioni, perché il suo messaggio cadrà nel vuoto e il suo staff proverà frustrazione.

Meglio aprire gli occhi sulla realtà di ogni giorno: ogni sei notizie che arrivano nella redazione di un quotidiano nazionale attraverso comunicati stampa, agenzie di stampa, immagini televisive, telefonate dei collaboratori e dei pr, cinque vengono cestinate e solo una viene sviluppata. Si cestinano quelle troppo di nicchia o scritte male, la pubblicità spacciata per notizie, i fatti già noti.

È ovvio che la stampa non ama fare articoli su prodotti e servizi, a meno che non si tratti di inchieste con confronti incrociati atti a evidenziare pregi e difetti di ciascuno. Inoltre gli editori bloccano qualsiasi tentativo di diffusione gratuita di informazioni (se non si investe un euro in pubblicità tabellare), visto che possono farsela pagare a peso d'oro. Dunque, è bene esaminare con buon senso le probabilità di essere o no considerati.

Un giornalista valuta l'importanza di una notizia, un evento, un prodotto o un personaggio alla luce dall'interesse che potrebbe suscitare nel lettore. La simpatia che personalmente ha nei confronti dell'azienda o del pr c'entra poco, dal momento che sono le copie vendute ad assicurare la longevità di una testata.

Il rapporto fra la pubblicità e i giornali è sempre stato delicato e complesso, ma lo è ancora di più da quando i giornali si trovano in gravi difficoltà economiche a causa delle televisioni specializzate e di internet. Dunque ci si deve attendere che la redazione passi le comunicazioni dei pr all'**ufficio pubblicità** e che, prima o poi, in azienda arrivi una proposta di inserzione.

Talvolta gli uffici pubblicità dei giornali possono venire incontro anche a budget modesti, specialmente se si trovano a fine giornata con un "buco" (ad esempio una pubblicità ritirata perché si rinvia un evento, causa pioggia sicura) e offrono di poterlo riempire a tariffe davvero molto vantaggiose.

Gli uffici pubblicità delle testate propongono spesso anche **spazi publiredazionali**, vale a dire formule a metà strada fra il giornalismo e la pubblicità. Il lettore è avvertito da una scritta ben in evidenza: "a cura del servizio pubblicità", dunque sa bene cosa sta leggendo.

Sono pagine speciali che trovano un ottimo riscontro quando inserite nei quotidiani locali, perché bene o male tutti devono prima o poi cambiare l'auto o ristrutturare il bagno. E vorrebbero risolvere il problema senza allontanarsi troppo da casa.

Non tutti i pr o i giornalisti sono d'accordo sui publiredazionali, visto che talvolta sono troppi o sono poco riconoscibili rispetto al resto del giornale. Comunque questi servizi continuano a essere offerti, anche se la pubblicità mirata di *Google* permette alle aziende di raggiungere molti utenti e a costi molto bassi.

Naturalmente, per poter soddisfare il desiderio di visibilità, bisogna anche che siano rispettati i principi di comunicabilità di cui abbiamo finora trattato. Si tratta di mediare per quanto si può in quello che è un conflitto di interessi permanente. Non ci sono in verità molti spazi di mediazione, ma, mettendo bene a fuoco i rispettivi limiti, oltre ai target, il punto di incontro si può trovare.

Ecco cosa pensano di solito i giornalisti a proposito degli uffici comunicazione e dei pr: tendono a sovrastimare il valore delle notizie che inviano ai media; cercano di far passare per news tutto quel che hanno, anche la pubblicità; cercano di fare pressioni di tutti i tipi sui giornalisti, tenendoli buoni con inviti e omaggi; ignorano le esigenze di pubblicazione delle testate che contattano; non conoscono le modalità di lavorazione nelle redazioni di giornali, radio e tv perché spesso non ci hanno mai lavorato; non conoscono le mansioni gerarchiche dei giornalisti all'interno delle testate, ecco perché contattano le persone sbagliate.

Ecco invece cosa pensano le aziende dei giornalisti: non sono quasi mai dei veri specialisti, ma gente approssimativa che si occupa di temi delicati, come la finanza o la scienza, in modo superficiale; hanno la brutta abitudine di drammatizzare troppo le situazioni negative e di minimizzare quelle positive; sono troppo condizionati dai loro pregiudizi personali o da fonti di informazione poco attendibili (come *Facebook* e *Google*); non sanno distinguere fra comunicatori onesti e disonesti; si fanno condizionare dai grandi uffici di pr e danno poca attenzione alle piccole imprese.

Un conflitto di interessi infinito, insomma, che non sembra poter trovare pace, perché le aziende vorrebbero veder uscire solo cose positive sul proprio conto, anche quando le loro mosse non vanno nella direzione della massima trasparenza o della ecosostenibilità.

Il comunicatore deve dunque: **agire con lealtà**, ammettendo sinceramente quel che non si può riferire o conoscere; **essere disponibile** per fornire dati o informazioni; **non supplicare** per ottenere una citazione **né criticare** quanto pubblicato; **non chiedere censure** se sta per uscire una notizia scomoda (uscirà comunque).

Ci sono momenti in cui, per un comunicatore d'impresa, è difficile tener fede a questi principi. Per esempio quando l'azienda sta attuando un cambiamento di rotta importante nella sua strategia ed egli non può riferire nulla, anche se sa che i media non se ne sono accorti oppure stanno seguendo piste sbagliate.

Ci sono momenti in cui un giornalista chiede un'opinione su una questione che non riguarda l'azienda per la quale si lavora, ma su altri *players* o *competitors* nello stesso settore. In questo caso è utile fornire informazioni o anche solo riferire il punto di vista interno alla propria azienda (non sempre), in modo che egli possa approfondire il suo livello di interpretazione di un fenomeno.

Questo passo non presuppone l'avvio di un'amicizia, semmai l'avvio di un **rapporto di rispetto, nella consapevolezza di operare su ruoli istituzionali contrapposti**. Anche i giornalisti in altri momenti si troveranno a dover difendere i loro segreti, magari celando il vero scopo di una domanda o nascondendo la propria identità durante un'inchiesta (pensiamo ai giornalisti de *L'Espresso* che si sono finti infermieri in ospedale a Roma o braccianti agricoli in Campania).

La non completa franchezza da parte di chi lavora a un'inchiesta e da parte di chi deve difendere e tutelare l'immagine di un'azienda fa parte del gioco. Si può dunque solo riflettere sulla difficoltà di tenere questo genere di relazioni nel corso degli anni. Ad esempio quando si deve richiamare un giornalista al quale in passato si sono taciuti fatti importanti (magari pubblicati da altri in esclusiva).

Conferenze stampa e interviste

A tutti i manager piace l'idea di convocare una conferenza stampa. Ma le conferenze si convocano quando quel che bisogna annunciare o presentare è qualcosa di davvero molto "forte", per il quale l'invio via e-mail di un comunicato non è sufficiente. Altrimenti questi eventi si rivelano un "autogol" clamoroso, che rischia di far riscuotere molti meno consensi per il futuro.

In certi casi si possono organizzare conferenze stampa più ristrette, rivolte a un pubblico di giornalisti specializzati, per esempio solo a quelli che si occupano di risparmio gestito. Così avviene anche quando una squadra di calcio convoca un incontro tra la stampa e il mister nel dopopartita.

Altri eventi sono dedicati a un pubblico più allargato (quando si presenta un nuovo suv al salone di Ginevra, ad esempio, accorrono sia i giornalisti finanziari che quelli specializzati in motori) e prevedono un ampio scambio di informazioni. In questi casi possono alternarsi le relazioni di due o tre manager del *board*.

Proprio per questo una conferenza stampa deve essere preparata con molta cura dalla divisione comunicazione, anche quando ha poco tempo a disposizione. L'argomento deve essere messo bene a fuoco, in modo che tutti i titoli dei giornali si focalizzino su quello. E soprattutto bisogna evitare che i giornalisti "divaghino" su argomenti non pertinenti (ad esempio alle conferenze stampa dedicate ai risultato di Fiat Auto, c'è sempre qualcuno che vuole parlare di Juventus).

SEGRETO n. 22: ogni conferenza stampa va organizzata, pensata e curata nel dettaglio dalla divisione comunicazione.

Una volta definito il perimetro dei contenuti che saranno trattati durante l'incontro, si potrà stilare in modo più mirato anche la lista degli invitati.

Chi teme le sale mezze vuote o le defezioni (accade che in una stessa città, nello stesso giorno e alla stessa ora, ci siano tre conferenze), può allargare un po' la lista degli invitati, premurandosi però di spiegare ai relatori il tipo di disponibilità che dovranno accordare alle interviste individuali.

Saranno infatti presenti anche quei giornalisti disposti a sorbirsi due ore di relazioni su alleanze strategiche, livelli di indebitamento e quote di mercato, pur di poter parlare di nuova collezione di tessuti o della sponsorizzazione di una mostra.

La gestione degli inviti è molto importante: di solito si spediscono al responsabile di una pagina o di una rubrica televisiva, sarà poi lui a decidere se la notizia può essere interessante, se e come "trattarla".

Alcuni uffici di relazioni pubbliche mandano una segnalazione anche ai redattori o ai collaboratori esterni, che dovranno giocarsi l'opportunità di seguire la conferenza proponendola al loro capo, che magari non ha guardato tutta la posta elettronica o si è dimenticato di inserire l'evento nella sua agenda.

Finché il *capodesk* non ha deciso se la cosa gli interessa e non ha comunicato se troverà il tempo di andare lui stesso o manderà un collaboratore a sostituirlo, il pr dell'azienda che invita deve aver pazienza e non fare continue pressioni per avere a tutti i costi un nome da far vedere al cliente.

Il rischio è di inserire un nome sbagliato o una testata che alla fine non sarà presente. Dunque, quando si effettua il recall pre-evento per avere un'idea dei partecipanti (e per dare indicazioni al catering), è importante avere più risposte che sia possibile.

I "bidoni" da parte dei giornalisti non dipendono solo dal loro tempo a disposizione. Se all'ora della conferenza scoppiano temporali o nevica e la location non è servita da parcheggi o metropolitane, le defezioni saranno molte. Tutti i giornalisti chiederanno di fare interviste per telefono dalla redazione.

Se poi nella stessa giornata viene convocata una conferenza stampa d'urgenza su un tema clamoroso (ad esempio le dimissioni di un ministro), è facile vedersi cancellare la presenza di una troupe televisiva sulla quale si contava molto. In tal caso la bella figura con il presidente svanisce.

Se a tenere la conferenza sarà più di un relatore, bisogna che siano presenti almeno il numero uno o due della società. Poi la parola può passare ai responsabili di prodotto o ai direttori finanziari che conoscono i dettagli dell'operazione. Generalmente **gli oratori**

sono due o tre, raramente arrivano a cinque. Quando parlano più manager, è molto importante mantenere una certa omogeneità nello stile di trasmissione dei messaggi. Alcuni parlano a braccio con tono molto confidenziale, si levano la giacca. Altri utilizzano toni trionfalistici: sono abituati a parlare alla forza vendita. Altri non utilizzano frasi a effetto né Power Point, preferiscono leggere un documento e tendono ad assumere un tono pessimistico o problematico.

Il responsabile della comunicazione potrebbe svolgere il ruolo del *chairman*, presentando tutti e dirigendo il flusso delle domande dei giornalisti prima della fine (sempre in positivo). Quest'ultima fase della conferenza è cruciale e deve essere assolta in modo che l'incontro non duri più di un'ora e che le domande più insidiose non tolgano spazio ad altre comunque interessanti. Qualche azienda preferisce che le domande vengano raccolte su appositi biglietti dalle hostess, altre preferiscono che i giornalisti si alzino in piedi, si presentino e le facciano direttamente a voce.

L'**analisi delle domande** è un punto chiave per valutare come sta andando la conferenza. Troppe richieste di spiegazioni, per esempio, indicano che non si è stati abbastanza chiari nell'esposizione. Troppe critiche fanno capire che le notizie annunciate probabilmente non susciteranno consenso tra i giornalisti di altre testate e verosimilmente anche tra il pubblico che leggerà le notizie o guarderà i servizi video in tv e sul web. Totale silenzio e reticenza della platea indicano di solito perplessità o disinteresse. Lo stesso vale per le domande "a margine", vale a dire interviste individuali con testate e tv.

Ci sono società di pr che si preoccupano di invitare sempre i giornalisti di testate specializzate, che sono in grado di fare domande precise e interessanti, che possano chiarire un po' a tutti il senso delle scelte aziendali. Per esempio se viene annunciata un'alleanza strategica, talvolta è difficile per il cronista di un quotidiano locale cogliere che cosa essa comporterà per lo stabilimento situato nella periferia della sua città.

Oggi è normale organizzare una **conferenza stampa virtuale**. Essa inizierà preferibilmente con la presentazione del direttore generale, cui potrebbero seguire le immagini del *board* e del presidente globale, che rivolge un saluto ai giornalisti di un Paese (magari questo momento potrebbe essere visibile anche alle maestranze riunite in mensa).

La conferenza stampa virtuale richiede un **controllo dei tempi molto rigoroso**. Bisogna inoltre evitare che i temi della conferenza stampa finiscano on line prima che siano stati annunciati dai relatori. Senza embargo i giornalisti convenuti risulterebbero infatti svantaggiati rispetto a quelli rimasti in redazione.

Rilasciare un'intervista

Per le imprese, grandi o piccole che siano, l'intervista è sempre un traguardo molto importante. I grandi leader sono subissati di richieste, dunque si tratta di scegliere la testata alla quale affidare un messaggio importante o un approfondimento "chiave", senza rischiare di offendere gli altri media.

Per le piccole aziende esiste invece il problema contrario: come riuscire a ottenere un'intervista per valorizzarla nel contatto con i clienti. E come proporla a un giornalista, senza risultare privi di stile.

Di solito non si chiede un'intervista a un grande giornale, perché il rischio è quello di sentirsi dire di no o, peggio ancora, di vedersi pubblicata una notizia breve e poco incisiva (in questo caso si otterrebbe di più convocando una conferenza stampa). Ma se un grande giornale, e magari più d'uno, chiede udienza su un fatto che riguardi direttamente o indirettamente l'azienda, un rifiuto viene accolto male.

I momenti in cui ci si rifiuta di parlare sono sostanzialmente due:

- **quando l'anno è chiuso ma i dati di bilancio non sono ancora disponibili** e un'intervista potrebbe puntare all'ottenimento di qualche indiscrezione di dati sensibili a fini borsistici o per confermare qualche *rumors*;
- **quando si è già dato l'ok per un'intervista** a un'altra testata o a un canale televisivo importante, o quando si andrà a parlare in un talk show televisivo nel giro di poche ore. In tal caso, le regole di concorrenza e di esclusiva son note a tutti.

Ci sono manager che vogliono sapere più informazioni possibile sull'intervistatore prima di incontrarlo e possibilmente ricevere anche una traccia delle domande che gli verranno poste, in modo da poter preparare dati e documenti. Ma non tutti i giornalisti sono disposti a farlo. Molti infatti vogliono riservarsi la possibilità di fare "domande fuori lista".

Per conquistarsi la "simpatia" di un intervistatore ci sono alcuni "trucchetti" da tenere a mente. Ad esempio, ricordare il passaggio chiave di un vecchio articolo scritto dal giornalista che si ha di fronte significa testimoniargli stima e rispetto, dunque catturare la sua benevolenza, soprattutto se egli non è avvezzo a tali attenzioni.

Mai sottolineare la poca preparazione di un giovane giornalista durante l'intervista. Talvolta la persona che si ha di fronte non è quella che il *capodesk* del giornale, del canale tv o della radio avrebbe voluto mandare. È il sostituto "volante" di un altro che ha la febbre e che farà senz'altro del suo meglio: va perciò aiutato a capire, non bacchettato se non conosce le dinamiche di un settore. Se invece si tratta un neoassunto, è comprensibile che non ne sappia abbastanza: in questo caso è bene congedarlo dopo averlo ben rifornito di dati.

SEGRETO n. 23: mai "bacchettare" un giornalista perché non è del settore, ma aiutarlo a capire. Questo tipo di benevolenza rafforzerà in positivo l'immagine del team e l'azienda ne trarrà vantaggio.

Se non si trovano **notizie on line sull'intervistatore**, occorre procurarsele, chiedendogli se lavora dentro o fuori la testata e in che posizione. Se invece l'intervista viene condotta da un "vecchio squalo" del settore (finanza, sport, politica o cronaca) che si incontra per la prima volta, il comunicatore d'azienda avrà cura di allenare il leader ipotizzando tutte le possibili domande insidiose, comprese quelle sullo stile di vita personale e quelle a tranello sugli orientamenti religiosi o sessuali che negli ultimi tempi vengono poste a bruciapelo e vanno tanto di moda (ad esempio: «Lei cosa ne pensa dei politici trans?» o «Assumerebbe un dipendente musulmano?»).

Molti sono gli imprenditori che, davanti a microfoni o telecamere, cadono nella trappola della tensione o dell'aggressività. Dalla presidente di Confindustria Emma Marcegaglia si impara invece a ribattere con spirito e lucidità, usando frasi distaccate e pertinenti, espresse con garbo, ed evitando di fornire più dettagli di quanto sia necessario.

Se l'**intervista avviene in azienda**, schierare mezza direzione generale è un segnale aggressivo di difesa. L'addetto alla comunicazione deve proporsi come conforto psicologico per il leader, anche quando il livello di guardia del manager è altissimo. E deve prefiggersi l'ingrato compito di intervenire se il leader sta divagando dall'oggetto della domanda e si rende conto che l'interlocutore sta perdendo la pazienza.

Bisogna fare in modo che il giornalista se ne torni in redazione avendo risposte chiare alle domande che ha posto, possibilmente registrate, in modo da non avere la tentazione di "metterci del suo". Il dopo intervista è importante tanto quanto l'incontro. Oggi per fortuna non si usa più di portare il cronista a ristorante o nel proprio ufficio, per fargli il lavaggio del cervello o per tentare di correggere (inutilmente) il tiro quando qualcosa è andato storto. Si usa piuttosto integrare l'intervista fornendo ulteriori dati e dettagli.

Quando il giornalista arriva con il fotografo, significa che il servizio assumerà il massimo rilievo, dunque al manager verrà richiesto di posare per un ritratto all'esterno o all'interno dell'azienda. Se si posa per testate alla *Business Week* può capitare di tutto: dover salire sulla scrivania o sul tetto della fabbrica, magari farsi portare da casa l'amatissimo cane. Per gli scatti all'americana serve mezza giornata.

Se le interviste live si fanno sempre più rare, è anche perché si diffondono a grande velocità quelle virtuali in teleconferenza o via Skipe, con possibilità di guardarsi negli occhi tramite la webcam. Tengono bene anche quelle telefoniche, con collegamenti dall'ufficio o dal telefono cellulare.

Quando un giornalista chiama nel tardo pomeriggio, spesso vuole solo qualche dichiarazione a supporto di un'inchiesta, che prevede un articolo portante e un riquadro laterale (detto in gergo "box") che ospita una rassegna di autorevoli pareri. In questi momenti ha pochissimo tempo a disposizione e ha bisogno di poche parole incisive.

Se l'argomento è ben noto, esprimere la propria posizione può creare qualche vantaggio sul fronte dell'immagine. Se il tema dell'indagine è complesso e la domanda crea qualche imbarazzo, meglio rifiutare che rischiare l'equivoco. Per non guastare i rapporti, si può dare la propria disponibilità per un successivo incontro di persona, specie se ci si trova nella stessa città.

Quando sono in ballo questi brevi virgolettati a "effetto", il rischio di equivoco è alto: meglio dunque registrare l'audio della propria dichiarazione. L'importante è agire con rigore su questo punto, ma con molto garbo. Ricordandosi che il giornalista che scrive l'articolo non sempre è lo stesso che lo titola e mette in pagina le fotografie.

In questi casi più che mai occorre che escano notizie chiare, una bella frase, un titolo pertinente e una foto aggiornata. Mandare una fotografia alla testata a stampa o alla redazione televisiva è un atto di cortesia, perché significa evitare una spesa all'editore, che dovrebbe altrimenti procurarsela presso un'agenzia fotografica (costa da 250 euro in su).

Interviste a testate stampa, radio, tv, web

Per affrontare al meglio questo tipo di interviste ci sono dei consigli chiave da seguire:

- **chiedere se si tratta di un'intervista live o registrata**, informarsi sull'orario di messa in onda e organizzarsi per farla registrare oppure acquistare il file dal servizio cortesia della radio o della tv, se non si trova il file sul web;
- **chiedere delucidazioni sul contesto** rispetto al quale si viene intervistati (uno speciale di approfondimento, un servizio per il tg ecc.);
- **farsi anticipare le domande** e rifiutare l'intervista se questa richiesta non viene esaudita;
- **informarsi sugli altri ospiti**, se si tratta di un talk show (se non si tratta di acerrimi *competitors*, ma di semplici sconosciuti, è probabile che si venga invitati per "tirare su" la puntata);
- **cercare su *Youtube* altre interviste video** fatte dall'intervistatore con il quale ci si confronterà, in modo da prepararsi al suo stile;
- **preparare alcuni dati**, se si conosce in anticipo l'argomento, per risultare più brillanti;

- **scegliere bene il proprio abbigliamento**: il nero non riflette la luce, il bianco spara, i vestiti con molte righe o quadretti fanno "saltare" lo schermo, il verde è vietato se si lavora davanti a un *kroma key* (lo sfondo attivo delle previsioni del tempo);
- **curare la propria postura** ed evitare di gesticolare troppo, tenere spalle dritte e mani composte;
- **seguire i consigli dello staff di studio per quanto riguarda il trucco**: anche se non piacciono ciprie e ceroni, lasciarseli applicare per evitare di apparire stanchi o con la pelle lucida, poiché sotto i riflettori si suda;
- **dare risposte vaghe ma gentili** se le domande o l'argomento si rivelano diversi da quelli concordati in anticipo. Se non si è in diretta, chiedere di interrompere la registrazione e chiarire la cosa con il conduttore;
- **quando si parla, sorridere e guardare la telecamera**, non il conduttore o gli ospiti seduti di fianco;
- **mai giocherellare con orologi, anelli, collane** ed evitare dondolamenti vari, gesti stravaganti, smorfie;
- **mantenere la calma** anche se si è nervosi, mai toccare fronte o viso se si è preoccupati;

- **utilizzare un linguaggio semplice** ed evitare i tecnicismi, perché tutti devono poter capire;
- **elencare mentalmente i concetti** da esporre prima di farlo;
- **ordinare gli appunti** (devono essere pochi, scritti in caratteri grandi, no fogli liberi) e consultarli senza far rumore con la carta;
- **parlare brevemente**: le risposte non devono superare i 30 secondi. Se la domanda appare poco chiara o volutamente insidiosa, è meglio chiedere una precisazione prima di rispondere;
- **rispondere alle domande una alla volta**, anche se il giornalista le pone tutte insieme (trucco della domanda multipla). Iniziare dicendo che sono stati toccati molti temi, dare spazio a quel che più conviene e andare veloci sul resto;
- **stare al gioco** con chi prefigura le risposte («Accetterebbe oppure no?»), ma solo se si è d'accordo. Altrimenti proporre una terza opzione con molto garbo.
- **fare attenzione alle domande "trappola"**, quelle che partono con un'affermazione «È vero che…» e proseguono con un commento negativo da confermare o meno. Se non si è d'accordo, iniziare garbatamente con «Ecco, a mio avviso non

è vero che...» Altre domande "trappola" partono da un corollario, dando per scontata qualcosa. Ad esempio, se l'intervistatore chiede «Perché la vostra azienda è refrattaria alla Borsa?», ribattere con garbo «Non è assolutamente vero che siamo refrattari». Attenzione alle domande "trappola" fuori onda: le telecamere sono davvero spente? I manager che perdono le staffe nei "fuori onda" si ritrovano "in onda" su *Striscia la Notizia*;

- **evitare opinioni personali** e parlare solo per conto dell'azienda;
- **fare attenzione ai "giochetti"** (del tipo: «chi butterebbe giù dalla torre» oppure «chi è più importante?»). In questi casi meglio non scegliere nessuno e rispondere che tutti sono importanti, specie se si conoscono personalmente;
- **aver pazienza**: all'arrivo si passa dal trucco-parrucchiere, poi in studio i tecnici devono far indossare i microfoni, provarli con la regia e, se non si è in diretta, qualche ospite potrebbe arrivare in ritardo;
- in un talk show con tavola rotonda, **evitare commenti antipatici** sugli altri ospiti o sul conduttore quando si è microfonati. La regia sente tutto quel che si dice in studio,

anche se si copre il microfono agganciato al bavero della giacca, e le battute "fuori onda" vengono puntualmente registrate.

SEGRETO n. 24: un valido trucco è quello di preparare le interviste studiando quelle di tg e talk show.

L'azienda committente di siti, blog e portali

Prima di affidarsi a un esperto, è importante innanzitutto avere le idee chiare e saper distinguere tra:

- **Sito**: fornisce informazioni sui prodotti/servizi dell'azienda, la sua storia, la biografia e i curricula dei suoi componenti, i contatti.
- **Blog**: racchiude una serie di commenti personali o di articoli ordinati per data dal più recente al più vecchio (l'ultimo inserito risulta il primo della pagina).
- **Portale**: racchiude informazioni generali e specifiche.

Vi sono diverse tipologie di siti:

- **Sito vetrina**: è composto da meno di 10 pagine, che solitamente sono: "home page", "chi siamo", "dove siamo", "servizi", "fotogallery", "contatti". Con questa tipologia di sito difficilmente troverete nuovi clienti, perché non avrete lo spazio sufficiente per fornire dei dettagli sui servizi offerti.

- **Sito aziendale**: è composto generalmente da un numero di pagine variabile tra le 10 e le 50, in quanto, oltre alle solite pagine del sito vetrina, contiene anche una pagina dedicata a ogni singolo servizio e uno o più moduli per richiedere un preventivo.
- **E-commerce**: sito aziendale completo, con l'aggiunta di pagine per l'acquisto on line in sicurezza.

Altre scelte importanti da effettuare prima di realizzare il proprio sito internet riguardano:

1) le **tecnologie utilizzabili**:
    - HTML – pregi: veloce da navigare e facile da posizionare sui motori di ricerca. Difetto: non aggiornabile.
    - PHP – pregio: aggiornabile. Difetti: meno veloce dell'html e più complicato da posizionare.
    - JOOMLA! – pregio: aggiornabile molto facilmente in tutte le sue parti. Difetto: difficile da posizionare su *Google*.
    - FLASH – pregio: altissimo impatto visivo. Difetto: quasi

impossibile da posizionare sui motori di ricerca, a causa della scarsa compatibilità.

2) i **metodi di promozione on-line**:
   - posizionamento in prima pagina sui motori di ricerca;
   - keyword advertising;
   - banner;
   - *Facebook* e altri social network.

I **costi** variano ovviamente in base alle proprie esigenze:

- Sito vetrina – HTML: 400/600 euro; aggiornabile: 500/800 euro; realizzato in flash: 1000/1200 euro.
- Sito aziendale – HTML: 700/900 euro; aggiornabile: 800/1200 euro.
- E-commerce – 1300/1800 euro.

È fondamentale tenere a mente tre assunti:

1) **Cosa deve contenere la home page**: logo dell'azienda (meglio se in alto a sinistra o al centro); menu delle pagine principali (meglio in alto a destra oppure sotto al logo); un'immagine che faccia capire di cosa si occupa l'azienda oppure un blocco di testi con i 4-5 prodotti/servizi principali;

un breve testo introduttivo che spieghi di che cosa si occupa l'azienda e contenga tutte le parole chiave con le quali vuole essere trovata.

2) **Cosa non deve contenere la home page**: troppi link nel menu in alto, meglio usare dei menu a tendina; troppi banner con offerte varie; un form dei contatti subito in home page.
3) **Cosa devono contenere le sottopagine**: dalle pagine interne si deve poter raggiungere tutte le altre. Nelle pagine dedicate a beni e servizi deve esserci un form per richiedere il preventivo, se non c'è la possibilità di acquisto on line.

RIEPILOGO DEL CAPITOLO 4:

- SEGRETO n. 19: bisogna rapportarsi con il comunicatore esterno avendo coscienza del proprio "peso", chiedendo giornalmente o settimanalmente conto delle attività in corso.
- SEGRETO n. 20: se vuoi visibilità, assolvi puntualmente le richieste informative dei comunicatori.
- SEGRETO n. 21: oggi il primo compito dell'addetto all'ufficio stampa non è tanto quello di ottenere più notizie, ma di ottenere quelle più efficaci e mirate.
- SEGRETO n. 22: ogni conferenza stampa va organizzata, pensata e curata nel dettaglio dalla divisione comunicazione.
- SEGRETO n. 23: mai "bacchettare" un giornalista perché non è del settore, ma aiutarlo a capire. Questo tipo di benevolenza rafforzerà in positivo l'immagine del team e l'azienda ne trarrà vantaggio.
- SEGRETO n. 24: un valido trucco è quello di preparare le interviste studiando quelle di tg e talk show.

Conclusioni

Questo ebook finisce qui, ma solo perchè i temi della comunicazione d'impresa riguardanti la gestione finanziaria devono necessariamente essere trattati a parte e meritano altrettante pagine. Il percorso fin qui proposto ha però raggiunto lo scopo di chiarire, a mio avviso, quali siano i ruoli e gli obiettivi, i diritti e i doveri tanto del committente della comunicazione (il leader di un'azienda), quanto dei professionisti che devono occuparsi della comunicazione interna o esterna all'azienda.

Mi sono posta questo duplice obiettivo perché nella mia carriera di giornalista mi è capitato più volte di visitare imprese afflitte da confusione di ruoli, da prevaricazioni, da astensioni o immobilismi che sembravano impossibili da estirpare. E nella mia attività di consulente di comunicazione d'impresa ho incontrato sia imprenditori disposti a sostenere concretamente la nascita di una divisione comunicazione, sia altri disposti a pagarla, ma non ad assecondarla nei suoi bisogni informativi.

Ho inserito un capitolo sulla gestione delle riunioni perché questo tema è stato molto gradito da chi si è avvalso della mia consulenza, soprattutto nelle piccole e medie imprese, dove i rapporti sono spesso molto informali (anche quando sarebbe meglio che non lo fossero).

La gestione delle interviste è un altro argomento molto richiesto dai titolari d'impresa o dai top manager che mi contattano. Spesso è anzi la prima cosa che vogliono migliorare, magari perchè in precedenza hanno vissuto qualche esperienza negativa.

Non mi stancherò mai di ricordare che la forza di un'impresa risiede non solo nelle sue abilità di comunicazione e di valorizzazione, ma anche nella sua riservatezza e capacità di tesaurizzazione delle informazioni in suo possesso. E che prima di comunicare all'esterno bisogna lavorare sull'interno, vale a dire su tutte le persone – dal presidente al fattorino – sulle quali un'impresa fonda la sua ricchezza e il suo know how.

Bibliografia

AA. VV., *Reddito e capitale nel bilancio*, Giuffrè, 1991.

Addis, M., *L'esperienza del consumo*, working paper, Università di Roma Tre.

Bauman, Z., *Modernità liquida*, Laterza, 2005.

Carmagnola, F., Ferraresi, M., *Merci di culto, ipermerci e società mediale*, Castelvecchi, 1999.

Cova, B., Giordano, A., Pallera, M., *Marketing non-convenzionale*, Il Sole 24 Ore, 2008.

Kotler, P., Trias de Bes, F., *Marketing laterale*, Il Sole 24 Ore, 2004.

Lewis, C. D., *Il giornalismo televisivo*, Sovera, 1984.

Masai, I., *Kaizen*, Il Sole 24 Ore, 1988

Mc Luhan, M., *Gli strumenti del comunicare*, Il Saggiatore, 1967.

Moscardino, M., *L'analisi di bilancio*, Isedi, 1985.

Nielsen J., Loranger H., *L'usabilità che conta*, Apogeo, 2006.

Nielsen J., *Why you only need to test with 5 users*, Alertbox, 2000.

Norman, D., *Le cose che ci fanno intelligenti*, Feltrinelli, 1995.

Santesso, E., Sortero, U., *Il bilancio*, Il Sole 24 Ore, 2008.

Veltri, A., *Neuromarketing*, L'unità, 6 Maggio 2009.

Ringraziamenti

Desidero ora ringraziare la Bruno Editore di Roma con la sua paziente redazione, il webmaster Marco Signorelli, studente del terzo anno al Corso di Laurea Interfacoltà Cim, Università di Pavia, che ha collaborato al paragrafo "Lo start up di comunicazione della piccola impresa", l'agenzia di comunicazione Now!Pr e Manuela Caminada. Grazie anche al capo ufficio stampa di Coldiretti Pavia Claudio Milani, a Marcello Adduci, responsabile Mediaweb del Comune di Pavia, al presidente di Confesercenti Romeo Iurilli.

Abbraccio la mia famiglia: mio marito Giulio, mio figlio Galeazzo, mio fratello Franco e mia madre Gina, che illumina la mia vita ogni giorno con la sua forza e la sua bontà.

È stata preziosa la collaborazione di vari docenti del corso interfacoltà Cim e del corso di laurea in Economia dell'Università di Pavia, Andrea Fontana, Paolo Jachia, Roberto Marmo, Massimo Mosconi, Marco Porta, per i preziosi materiali che mi hanno fornito. Grazie infine al presidente della Facoltà di Economia Carluccio Bianchi, che mi ha affidato i seminari sulla Comunicazione d'Impresa.

www.ingramcontent.com/pod-product-compliance
Ingram Content Group UK Ltd.
Pitfield, Milton Keynes, MK11 3LW, UK
UKHW022021190726
13853UKWH00005B/2047

9 788861 743915